JN296320

若狭湾沿岸地域総合講座叢書5

社会科教育・歴史教育の未来像

日　時　　平成17年5月21日（土）13:30〜16:30
会　場　　敦賀短期大学129教室

敦賀短期大学地域総合研究所

学校法人敦賀学園敦賀短期大学
　　地域総合研究所設立趣旨

敦賀短期大学地域総合研究所長
多仁　照廣
（たに　てるひろ）

　敦賀短期大学の立地する敦賀市は日本海有数の歴史を持つ港湾都市であり、また日本原子力発電所および原子力研究開発機構という原子力エネルギー産業・研究の施設を有するエネルギー都市でもある。しかし、地域の現状は地元商業や産業の衰退、少子高齢社会の進行など困難な状況がある。この問題は、若狭湾沿岸にある他の自治体はもとより原子力発電所立地地に共有する問題である。そこで敦賀短期大学では、「地域総合研究所」を設立し、産官学および市民との連携による研究調査と人材開発を行い、原子力発電所立地地域発展の中心的な役割をはたしたい。

　現在、国はクラスター制度などの導入により、産官学の連携を促進して産業の活性化を図る政策を推進している。各大学は、地域共同研究センターを立ち上げ、知的資源の公開と創出によりこうした国の政策に対応する体制を整えつつある。大学の知的資源の公開や創出は、大学の研究開発体制を支える重要な財源を生み出すことになることも、各大学の積極的な取り組みの背景にある。

　本学では、2002年度より地域総合研究所構想の研究に着手していたが、この

たび地域と共生する高等教育機関づくりのもっとも重要な機関として「地域総合研究所」を創設する。
　この研究所は、当面は大規模な研究設備を持たないいわばシンクタンクとしての性格を中心とし、敦賀短期大学を軸に若狭湾エネルギー研究センター、原子力安全システム研究所、原子力研究開発機構などの隣接研究機関および地域の公的な団体・企業・市民、さらに福井大学、福井県立大学、福井工業大学、仁愛大学、仁愛短期大学、福井高専など県内大学等や、国内・国外の大学および研究機関と協力して、各種のプロジェクトにより研究開発および調査活動を行う。
　当面、地域総合研究所の具体的な研究目的を、「予防・安全・修復・復元」というテーマを軸に、人間本来の性質や能力を高めることを目的に、アーカイブズの構築と新しいコンピュータ技術の応用と発展などを基盤に　環境共生型の暮らしと産業の創出、都市の景観整備、原子力産業の安全性の向上、文化財の保存修復などの各種研究調査と人材開発を行う。また、地域交流センターと協力して、短期大学をはじめ地域の知の資源を積極的にコーディネートする役割を果たしたい。

「社会科教育・歴史教育の未来像」開催趣旨

多仁　照廣

　現在の教育の荒廃は、地域の存在基盤を失わそうとしています。ことに社会科教育や歴史教育を支えてきた地域の人材は高齢化で消滅しかかっており、従来地域の人材源であった学校教員は、地域に根ざした教育が展開しきれず、地域の研究を支える人材が枯渇する現状が迫っています。ことに1970年代前半までは行われていた学校教育における自主的なクラブ活動は、全くといっていいほど影を潜め、教師と生徒が一体となった地域を「調べる学習」は大きく後退してしまいました。このことは、今日の教育の荒廃と地域へのアイデンティティ喪失の要因となっています。

　この地域における人材の枯渇は、とりもなおさず全国組織の学会である地方史研究協議会の会員が地域から消えていくことをも意味します。

　地域総合研究所では、こうした地域における教育の荒廃を回復し、教師と生徒、学校と地域の関係を改めて見直す契機となることを期待して、この公開シンポジウムを企画いたしました。福永信義本学助教授の基調講演「富山県高岡市高陵中学校地歴クラブの活動」は、本学教職課程担当教員が共同で調査してきました報告です。調査の契機は、敦賀に最初の原子力発電所が建設される昭和40年に同クラブが敦賀市を調査してまとめた『敦賀―岐路に立つ町―』という報告書を、敦賀市立図書館で本学教員が手に取ったことでした。その内容は、指導にあたった教師の共同性、教師と生徒の一体性、学校と父兄との信頼感を十分感じさせるもので、正直驚きました。その後、1995年に敦賀市内の喫茶店で地域の教育をめぐる市民と学生の一年間の学習に、実際に歴史研究クラブで生徒を指導して成果を残された敦賀高校教員であった岡田孝雄先生、青年師範出身で滋賀県余呉中学校において指導されて町史編さんをされた白崎金三先生、中高一貫の私立進学

校で東海道の研究で成果を収めている三重県四日市市の海星高校早川雅章先生をお招きして貴重な経験をお話いただきました。また、昨年は高岡市に本学教職課程教員が共同で出向いて資料を収集し、大門町史編さん室においては当時指導された教員のお一人である中山　実先生に直接お話を聞いて実情を承りました。富山県の地理歴史研究が興隆したキーマンのお一人が、本学でも歴史地理の講座を担当していただいた日本大学の籠瀬良明先生であったことに驚き、入善町黒部川扇状地研究所へも調査に伺いました。

　続いて、森　透福井大学教授から「戦後教育史における社会科教育の変遷」をお話いただき、パネルディスカッションでは、敦賀高校・足羽高校で教鞭をとられた岡田一司先生にも加わっていただき、教育現場の実際からのお話を交えて、会場にお集まりいただいた方々との交流も図りたいと考えています。

　この公開シンポジウムが、真の学力形成が行われる教育現場の構築への良い機会となることを期待しています。

＊目　次＊

学校法人敦賀学園敦賀短期大学地域総合研究所設立趣旨
「社会科教育・歴史教育の未来像」開催趣旨

敦賀短期大学地域総合研究所長
多仁　照廣

福　永　信　義
　富山県高岡市高陵中学校地歴クラブの活動 …………………… p01

森　　　透
　戦後教育史の中の社会科 ……………………………………… p35

パネルディスカッション ………………………………………… p63
「社会科教育・歴史教育の未来像
　―"調べる"学習の大切さ―」

富山県高岡市高陵中学校
　　地歴クラブの活動

敦賀短期大学助教授
福永　信義
ふくなが　のぶよし

外岡　ただいまより、敦賀短期大学地域総合研究所の主催で「社会科教育・歴史教育の未来像」という題の公開シンポジウムを始めさせていただきます。天気の方が良すぎて、大学を素通りして他の所へ行かれる方がおられて集まりが悪いのと、それからもう一つは先程も申上げましたけども、富山県の高陵中学の地歴クラブの活動実績の報告をさせていただくという事で、当時の作業に関わられた先生方或いは当時の中学生がお見えになる予定でしたが、少し遅れてるということなので先に進めさせていただきます。

　本日こういうテーマでシンポジウムを企画いたしましたのは、今現在社会科教育が非常に危機的な場面に遭遇しているという認識が発端です。2003年の秋に歴史の方でも日本史研究会という学会が「歴史教育の現状と課題」というシンポジウムをいたしました。その中でも教員養成系大学の中での学習内容が、専門教科よりは教職教養の方に重きを置かれて、なかなか歴史を専門とする教員が十分な力量を持たないままに教育現場に出ている状況であるとか、或いは学校の授業のカリキュラムの中でも歴史の時間・社会科の時間そのものが大分減らされる傾

向にあって、ある意味では総合学習という中で何となく誤魔化されてるのではというような現場の先生方の意見も出たようでございます。
　また当然の事ながら児童・生徒、大学の学生も含めまして、歴史の知識・歴史認識といった所での意識の低下或いは知識量の減少という事もかなり深刻な問題になっている。その中で一昨年の秋のシンポジウムでは、果たして適切な検討対象であったかという所についてもその当時議論もありましたけども、大阪教育大学附属の池田中学校、そちらのアンケートの中ではやはり中学生の歴史の教科に対しての関心というものが、将来一生懸命歴史を勉強しても役に立つとは思えないとか、大事なのはこれからで過去の事はどうでもいいなどの意見が出されていたというのを、大分ショックを受けて聞いた記憶がございます。
　そんな現状にかんがみまして、今日は福井大学の森透先生と本学の福永信義先生にご講演をいただきまして、今後の社会科教育・歴史教育のあり方、学校だけではなく、地域社会或いは家庭という所で、さまざまな形で社会科・歴史に関わる教育の主体として、それぞれがどのような事をやっていけるか、或いは今回協賛団体としてお願いしてございます地方史研究協議会という学会そのものも地域で歴史研究を支えてこられた皆さん、今回のテーマで言いますと富山県の高岡の高陵中学で地歴クラブを指導されてきた先生方などは典型と言えると思いますけれど、それぞれの地域で地域の歴史を研究されて、そして色々な地域の宝を掘り起こしてきた皆様方、こういった方々に支えられてきたという学会としての特徴を持っております。
　ところが先程申し上げた状況の中で、地方史研究協議会と言う学会そのものの基盤の方も、それぞれの地域毎の歴史研究を支える層というものが色んな形で今、率直に申し上げると弱体化しているという現状の中で、どうやって回復していこかと言う事は、実はこの学会の存立基盤にも関わる事でもあります。したがいまして、今回協賛と言う事で今日も東京の方から委員の方々がお見えいただいておりますけども、またぜひともこれを広い場で議論する1つのきっかけになれば

と思っております。前置きが長くなってもなんですけども、早速ご講演の方に入らせていただきたいと思います。
　最初に本学の福永信義先生の方から富山県高岡市の高陵中学の地歴クラブの活動の中で敦賀をテーマとして、今から30年近く前に行われた実績についての分析とそれから当時こういう事が行われたと事の意味についてお話をいただきたいと思います。それでは福永先生、よろしくお願いいたします。

　どうも皆さん、こんにちは。ただ今ご紹介いただきました敦賀短大の福永信義と申します。応接室の方で他の先生方と打ち合わせをしている間に、講演会場のパソコンが勝手にスライドショーになっていまして、前のスクリーンに自分の家族が次々と映っていて、びっくりしましたけれども（失笑）。忘れて下さい。
　今日はタイトルにありますように、お隣のお隣ですね、富山県になりますが、そこの高岡市の高陵中学校というところにかつてあった、地歴クラブというクラブの活動についてご紹介させてもらおうと思っております。富山県高岡市立高陵中学校、地歴クラブ、正確には地歴社会科クラブという名称になるのですが、そのクラブの活動です。講演の資料のほうですけれども、当クラブの様々な活動記録を年代別に載せた表ですね、この何枚か綴じてあるB4のペーパーが私の資料ですので、そちらの方を見ながらお聞きくだされればと思います。
　まず初めにお断りしなければいけないのですが、私は教育心理学が昔も今も専門でして、特別に社会科教育とか社会科教育法の専門家というわけではありません。それどころかどちらかと言うと、英語教育の方の教科教育法を学んできたような人間でして、教育心理あるいは英語教育ですと何かしら話せますが、社会科教育となると門外漢に近いような人間でして、フロアーの皆さんの方が、かえって社会科教育のプロでいらっしゃるように思うんですね。ですから、どこかで的外れなことを言ったり、明らかなミス発言をする可能性があるかと恐れておりますが、パネルディスカッションあるいはこの後、森先生、岡田先生にご訂正いた

だければ幸いに存じます。それから、今ちょっと、まだいらっしゃっていないかなと思いますけれど、高陵中学校が当時どんな活動をしていたかということに関しましても、少しこちらの聞き取りミスがあるかもしれませんし、勘違いもあるかもしれません。その辺もご訂正いただければ幸いに存じます。というふうに、初めから手を上げて降服、というか、入念に弁解しておいた上で話に入らせていただきます。

　今回、私の話の流れですが、高陵中学校の地歴社会科クラブが結成され、そして活動していった経緯ということを、最初お話させていただこうと思います。

　続いて、実はこの資料の中にもありますように、その活動の中で高陵中学校は日本海側の様々な街について「調べ学習」をしております。その中で、1965年の2月には、ここ敦賀に関する調査をして、紀要ですね、研究のまとめをしております。（冊子を掲げながら）ここにその現物があるのですけれども、大分、年代を感じますが、このようなものです。ページ数にしますと169ページに及ぶのですが、このような冊子を出しております。先程、本学の外岡先生の方からもお話がありましたように、なかなか今現在こういう調べ学習で、しっかりしたものを中学生が出すということは少なかろうと思います。というか、絶無かもしれません。かつてはこういった学習が可能であった、あるいは可能であった中学校があったという事実...　今の社会科の先生方がこの研究成果を見た時にどんな感想を抱くのか、県内の中学校の先生方に、アンケートで少し伺ってみました。講演の中ほどは、その結果について、触れさせていただこうと思います。そして、最後に、調べ学習。これは「総合学習」に含まれるというふうに、私は考えております。この辺は、いろいろな考えがあると思いますが、ご存知のように、現在、「総合的な学習の時間」というのがございます。これは調べ学習を含んだもっと大きなものと考えたいという、私の希望もありまして、調べ学習、総合学習のエッセンスというのはどういう所にあるのだろう、こういう視点で、私なりの学問領域から少し話をさせていただけたら、と思います。

では、まず地歴社会科クラブというクラブが、高陵中学校で結成されていったその過程についてお話したいと思います。最初に、この中学校の存在を、私たちの短大の教員が知ったというのはどこで知ったかですが、今回の講演の主催である、地域総合研究所の所長、本学の多仁照廣先生がですね、今回、所用でちょっと出席してないのですけども、敦賀市立図書館の郷土資料室という部屋で調べ物をしていた時に、この冊子に出会いました。で、「これはすごい！」と感動して、どうしてこういうクラブ活動が、かつて可能であったのか、40年近く前ですけれども、どんな経緯で可能になったのかと、そのことを少し追求していってみたいと私ども教職課程担当教員に提案されたのが、2003年の秋だったと記憶しております。そこから、このクラブに関わっていた、指導に当たっていた先生方に、どんな先生方がいらっしゃったのかを、いろいろな伝手から調べまして、敦賀の調査を指導された中山実先生という先生に知遇を得ることが出来ました。早速アポイントメントをとりまして、2003年12月24日に、高岡市までインタビューに、私と、後ほど、パネルディスカッションのコーディネータを務めます龍谿先生、それからもちろん多仁先生とで訪問して、お話を伺ったような次第です。で、一泊して帰ってきた記憶があるのですけども、ちょっと12月24日は、なかなか重要な日でして、家族のもとを離れるのに難儀だった…　でも、行って参りました (失笑)。それはちょっと余談でして、そこで2時間近いインタビューをしまして、中山先生に当時のクラブ活動についてお話を伺いました。本当にこの場を借りまして、中山先生には貴重な時間をさいて頂いて、心より感謝申し上げたいと思います。

　まず地歴社会科クラブが結成する前に、40数年前になりますか、富山県の、当時30代半ばの社会科の先生方が、「富山県地理学扇状地同人会」という研究組織を結成しております。それぞれ自分の中学校がある地域で、どんな郷土史があるのかとか、現状がどうなのかということを研究して、お互いに持ち寄っていきたいと。郷土を知ってそれを未来に伝えたいという共通の思いから、そういう

同好会・同人会のようなものを結成しております。また、それを指導する先生も当時いらっしゃいました。その後大学教員になられるような方々なんですけれども、指導する先生がいて、その下に集まったような形ですね。その活動が続いていく中で、その同人会の中から北林先生・竹内先生という両先生が、高陵中学校にお二人で赴任することになります。赴任した後に、高陵中学を拠点に研究活動が開始されるわけですが、その研究活動は生徒とともにやっていきたいと想い、それから中山先生のお言葉ですが、「社会科学習はフィールドワークのプロセスこそ重要」、私、これとても大切なことだと賛同する者ですが、そのような信念を両先生はもっていらっしゃった。そして、その両先生の考えに同意するというか、賛意を示した先生方が集まって、そして地歴社会科クラブが結成されます。その結成が1950年です。ただ、この当時、先行して盛んに調べ学習をしていたのは、社会科よりもむしろ理科の方のクラブであったとお聞きしております。そして、この年表にありますように、1955年以降、合宿調査が始まり、いろいろな報告書が徐々に発表されるようになってまいります。

　結成以後、60年代から70年代にかけまして、このクラブでは日本海側の港町を一つの軸に、大きなテーマ枠にして、研究調査をしていこうではないかということが、話し合いの末、決まったようです。例年、生徒たちは、4月に話し合って調査地域を決定します。そして、8月の実際の調査までの期間というのが、非常にワクワクしたものだったと中山先生から伺っております。いろいろワクワクしながら、後輩は先輩に、今までどんな調査をしてきたのかを訊いたり、あるいは、今度の調査地域を図書館に行って自分で調べたりしながら、その宿泊旅行兼調査に向かって期待を膨らませていたのが、ひしひしと伝わるような、そんなクラブの雰囲気であったそうです。夏になって、宿泊調査に入ります。敦賀の場合ですと、三泊四日の調査活動だったそうです。皆様方への資料には、二枚目、三枚目の、紀要「前書き」の所に載っていますが、1964年の7月26日から29日にかけて調査したというお話でした。宿泊地が、敦賀半島の常宮の辺りだった

ので、当時は市内まで行くのが大変だったそうです。常宮と敦賀の市街地を往復しながらの調査であったと。その調査を終えた後、翌年2月を目途に、今皆さんにお見せした紀要を作成していくという活動を続けます。「何かを創る喜び」と中山先生は表現なさいましたが、出来上がっていく喜びというものを生徒たちは感じていたように思うというお話でした。

　また、私たちはこの研究紀要とは別に、日常的にはどんな事をしていたのかもお尋ねいたしました。そうすると、日常的にもやっぱり高岡市の郷土史について調べているんですね。近隣の土器を集めて、それを分類してみたり、高岡市内のお寺の歴史などを調査するなど、地道に続けていたというお話でした。

　さて『敦賀―岐路に立つ町―』、この冊子との出会いから私たちも高岡市を訪れた次第なのですが、お配りした資料には、敦賀についての調査内容が書いてあります。

　どんな事項が調査されたかですけども、目次の所を見ると分かります。まず敦賀の農業について、敦賀の商業について、敦賀の工業について、以上が第3章になります。そして、第4章に敦賀の港。それから、敦賀の陸上交通が第5章になっています。そして、敦賀の将来というのが、最終章の第6章という形でまとめられております。最後の所に調査に参加した先生、それから生徒さんたち、指導してくださった先生方が載っています。以上が、私が今回お配りしたプリントの全てです。「敦賀の将来」ですが、なかなか興味深くて、後で触れます、現職の社会科の先生方に感想を求めるアンケートでは、この、敦賀の将来の部分をすべてコピーして、そこの所を読んでいただくことにしました。紀要まるごとは、さすがに、ちょっと先生方に読んでいただくのは、お忙しいだろうから難しいと思いまして、この敦賀の将来についての部分をコピーして読んでいただきました。

　まず、生徒たちはアンケートを実施しています。敦賀市民に対して、アンケートを実施して、そのアンケート結果に基づいて、彼らなりに考察を行っています。そのアンケートの内容は多岐に亘っていますが、例えば「これまで敦賀の発展を

妨げてきたものがあったとしたら、どういうことだろうか？」なんていうのもあります。この中には「太平洋戦争中戦災を受けたこと」とか「戦後対岸貿易が止まって、経済の中心が太平洋岸に移ったこと」とか、そんな回答が出ていますね。それから、北陸トンネルがこの当時建設され、完成、開通しましたが、「その事についてどう思うか」。それから「当時のソビエトとの貿易再開についてどう思うか」という項目があります。当然のことでしょうが、原子力発電所の建設がこの当時始まっておりますが「そのことについてどう思うか」、これも質問項目の中にあります。

　また、現在では、こういう質問はしないのかなとは思うのですが「日本横断運河建設の計画があるけれども、このことについてはどう思うか」という質問もあります。（パワーポイントを指しながら）この右側の方の図はですね、第１号機原発についての位置図を抜き出したものです。この左側の方は、運河計画の路線図です。敦賀から琵琶湖を経て、それから伊勢湾に通じる、この運河です。この運河についてどう思うか、を尋ねております。アンケートの結果そのものについては、ここで触れる必要はないのかなと思いますけれども、原子力発電所については、敦賀市民のかなりの数が前向きに考えている。と同時に、多くの人が安全性への不安を持っていること、実は、漁業保証の問題があったのだそうですが、嫌々調印したと本音をはいてくれた市民も少なからずいたということまで、紀要の中に言及されています。

　それから、運河についても、パナマ運河というのがありますね、北アメリカと南アメリカの間に。その運河と比較をしまして、例えば、日本横断運河がどれぐらいの長さになるのかとか、どれぐらいの水位差があるのかというようなこと。私の世代、私は昭和36年、1961年生まれで、全くの戦後ですけれども、微笑ましいというか、微笑ましいというと少し語弊がありますね、「ほお〜」と思った文章があります。この運河計画ですけれども、生徒はこうコメントしております。「総工費約3500億の巨額であるが、戦時中に建造した世界一の大戦艦大和

級の2隻分に過ぎず、しかもこれが平和産業に貢献することを考えれば決して無駄なものではなく、世界銀行から借り入れの道も拓けているので心配はない」と書いてあって、「戦艦大和2隻分なのか」と。そういう考え、発想がまだ実感を持ってまかり通っていた時代なのかな、と読ませていただいたりしました。

　続けて、中山先生のお話の中から聞き取ったことですけれども、まずこのクラブ、50名近くが参加しています。各学年9クラスか10クラスくらいあります。そうしますと学校規模は非常に大きいことが分かります。で、50人ぐらいがいる。このようなクラブが三泊四日なり、四泊五日なり、夏に調査をするにあたっては、それなりの費用が当然かかるわけです。あと紀要を作るのにもお金がかかる。そのお金がかかると言う問題。誰が費用を出したのか、その辺のことなど、いろいろ質問する中で、まず校長先生、教頭先生などの管理職がこのクラブの活動に非常に理解を示して下さっていたとのことです。それから、親御さんがお金を負担したのですが、宿泊費にせよ、紀要の印刷製本にせよ、親御さんのご理解がとてもあったということです。この地歴社会科クラブには、どちらかと言えばスポーツが苦手な生徒が多かった。また、同クラブへの所属を子どもたちは「誇りにしていた」のだそうです。親も、あの先生の指導の下で頑張っていることを非常に喜んでいた、というようなお話がありました。私は、その辺を、すごく興味深く聞きました。私自身、教育心理学が専門であると申しあげましたけれども、ここ10年程、中学校でスクールカウンセラーという仕事をしております。そうしますと、どうしても文化系のクラブ、美術部とか書道部とかそういうクラブにはですね、スポーツが苦手であるだけではなくて、人間関係上、上手くやっていくことが難しい、クラス内で、ですとかね、そういう子どもたちが集まったりする。文化系クラブへの所属を誇りにする、美術部にいることを誇りにするとか、書道部にいることを誇りにするとか、華道部にいることを誇りにするとか、そういう雰囲気というのがあまりないというのが私の正直な印象です。ところが、当時の高陵中学では、そうではなかった。中山先生の言葉では、「地歴社会科クラブに

入っているということは、子どもにも親にも、一つのステータスであった」というような表現をなさっていたと思います。それから子どもたちにとって大きな喜びになったのが、調査する地域地域で様々な人々と交流があったこと。それは、行政関係者、郷土史家、大学教員、また一般市民への班別での聞き取り調査など、多岐に亘るわけです。どの街でも、特にこの敦賀ではそうだったとお聞きしていますけども、非常に温かく迎えいれてくれた、そして生徒たちに話をしてくださった。こういうことが大きな喜びになっていた、とお話くださいました。

　また教師と生徒の信頼関係も、重要な点であるというお話でした。教員自身も教員と生徒の間の話し合い、あるいは先輩・後輩の話し合いによる相互学習も非常に重視していたというお話でした。後輩がよく先輩に懐いて、あれこれと質問したのでしょうね。そういう場面が多かったようなお話でした。今の教師・生徒の関係より密接だったのじゃないかと思うと。教員といろいろ話をするのを、子どもたちは喜びにしてくれた。卒業後、40年を経た今でも、連絡のある生徒は、もちろんいると。この調べ学習がきっかけとは言い切れないが、と、これは中山先生のご謙遜かなと思うのですが、その道の大家とか専門家、大学教員になった生徒も、後年、輩出しているというお話でした。

　社会科のクラブ活動は、1960年代を通してどんどん盛んになっていきますが、やがて高陵中学と同様の活動が市内各中学校にも波及していきます。これには、明治百年の影響もあるのではないか。明治維新から百年を迎えて、いろいろな調べ学習とか、歴史への興味とか、まとめとかそういうことが全国的に行われていた時期でもあったようです。また教員と生徒がそれぞれの中学校で実施した社会科の調べ学習の成果を発表する発表会というのが行われるようになっていった。そして、この辺も興味深いのですが、生徒との調べ学習に参加して、生徒を導いていく力があって、社会科教諭として一人前と見られる雰囲気みたいなものが醸成されていたと。当時は、調べ学習で自らが研究しながら、生徒もそこに入っていくというのかな、そうして一人前の教諭に見られるという雰囲気があったとい

うお話でした。

　ここから先は悲しいお話になるのですが、つまり「衰退」の話になりますが、どうやって調べ学習が、このクラブのような集まりが衰退していったか。まずは研究者として活躍する教諭が、中学校から高等学校へ吸い上げられていったという経緯があります。その代わりに、高等学校で調べ学習を行うということもあったそうです。また教員の世代が替わって、率先して調べ学習をする、そういう教授・学習活動をしたいという教諭がいなくなった。また、市内発表会など、先程ご紹介した発表会など、どんどん充実していく中で、逆にそういうことを負担に感じる先生も多くなってきた。これが70年代に入ってからの状況だそうです。

　以上、非常に簡単ですけれども、中山実先生からお聞き取りした内容を紹介させていただきました。こうして高陵中学校では、この年表にありますように、NO.15まで調査報告を出しております。その後も1980年代のものがありますが、80年代前半あたりからは、もうこういう活動は見られなくなっているようです。

　さて、私のように1961年生まれの人間は、70年代に中学校生活・高校生活を経験しておりますので、ここまでの紀要を中学生が作っているということがショックに近いぐらいの驚きなんですね。では、今の中学校社会科の先生は、高陵中学の学習活動を知ったらどう思われるだろうかと興味を抱きまして、アンケートをいたしました。福井県の南部、これを嶺南地域と呼びますが、この地域の中学校、それから県北部を嶺北と申しますけれども、嶺北でも敦賀と山を挟んで近い地域を丹南地域と言います、その地域の中学校、全32校に「社会科教育・歴史教育アンケート調査」とタイトルをうちまして、高陵中学校の『敦賀―岐路に立つ町―』の一部、最初の方と先程ご紹介しました敦賀の将来に関しての部分をコピーして読んでいただきました。その感想と、また社会科教育のあり方について意見を伺いました。回答していただいたのは、各学校の社会科教諭の、不特定、匿名の1名ずつです。回収数ですけれども、18校ですので半分強です。その内の14校から、学校名、個人名などは伏せた上で、特定できないような形ならば公

表してもいいという許可を得ましたので、少し結果をご披露したいと思います。あれこれ質問させていただいたのですが、質問として「現在お勤めの学校に歴史・地理・社会科に関する部活動はありますか？」「ある」学校は、0校。予想はしていたのですけれども、そんなクラブはないと。じゃあ、「現在お勤めの学校に文化系の部活としてどんなものがありますか？」一番多いのは吹奏楽ですね。これは予想通りですが、美術が6校、合唱・書道・パソコンそれぞれ3校、JRC、えーとボランティアですかね、これが2校。日本舞踊、写真、陶芸、文芸、放送、英会話、各1校ずつございました。こんなところが、文化系のクラブとして存在しております。私自身が中学生だった70年代は、私の中学校は1,000人規模だったのですが、まだまだユニークなものがあったように記憶しています。生物部、アマチュア無線部、鉄道研究会など。今は、昔ほどにはバラエティに富んでいないのかな、とそんな気がします。文化系部活動の中で調べ学習に相当する活動があったら、活動内容を記していただいたのですが、JRCでは福祉活動に関して調査。またパソコン部ではホームページの作り方や内容・素材に関してのデータ集めをしているということで、あまり詳細に、力を入れて調べ活動をしているというような回答はございませんでした。

　続いて、「現在あるいは過去において、社会科という科目で、授業およびその延長的な活動として、これは補習とか体験学習とかを含めてですが、調べ学習を取り入れた学習はありますか？」という質問を致しました。すると、○○町の中学校だったら○○町を将来住みたくなるような魅力ある町にするにはどうしたらよいか、グループ毎に役場や図書館で調査したとか、地理では、もともと地域の調査、世界の調査という単元が設定されていて、だから調べ学習もすることになっているそうで、昨年はテーマを「福井県とEUの国々」として、班での調べ学習をしました、という回答も寄せられています。また同じ質問ですが、男女差別、外国人差別、障害者差別など、様々な事例の新聞記事をストックしておき、それらの資料を元に、また生徒自身も新聞・雑誌などの記事を集めて、人権問題など

に取り組んでいる。新聞を元に学習を進めていくというアプローチは、最近の一つの傾向になっておりますよね。その他の回答には、「身近な地域を校区内にて野外調査した」「地図を元に地域内を調査した」。テーマ例としては、新しい住宅用地がどうして増えているのだろう、というようなテーマ例を設定しています。また現在の勤務校では、総合的な学習の時間、総合学習ですが、どのような活動をしているのかも尋ねました。「地域、環境、福祉の各コースに分かれて、各自でテーマを設定し、調査、成果を発表、あるいはレポートを作る」「地域の昔の風習を調べたり、自然や昔の様子の調べ活動を行った。また、人権教育に関する学習も行っている」「自分の市、○○市の歴史や文化・産業を調べる／地球規模の環境学習を追求している／高齢化社会の現状と今後を追及している。そして21世紀の街づくりを構想する」。3つ書いてあるのは学年毎にテーマが違うからだそうです。「総合的な学習の時間の活動に、調べ学習的な要素はありますか？」という質問。「地域に出向き、昔の様子を聞き取り調査している」「書籍やパソコンを使って行なっている」「ゲストティーチャーを招いて行なっている」「個人テーマを決めた後、図書室やインターネットで調べている」など。これ、何件とは書きませんでしたが、実は「インターネットで調べている」という学校はかなりの数にのぼります。インターネットが、調べ学習の強力な手段になっていることが、今回のアンケートから分かったことの一つですね。

　さて、ここからが肝心の質問ですけど、高陵中学校地歴社会科クラブが1965年に発行した研究紀要『敦賀―岐路に立つ町―』の抜粋ですが、それをご一読いただいてご感想をお書き下さいとお願いしました。次のように回答してくださった先生がいらっしゃいます。「これほど用意周到で、しっかりアンケートやその結果を十分に考慮しながら研究をする、結果をまとめるということは、今では不可能に近い。カリキュラムや授業時数を確保するという点で不可能であるだけでなく、現在の中学生はこのような調査の質問事項を考える力がないのではないかと思う」。質問を考え出す、あるいは問題点を発見すると言ってもよいでしょう

か、そういう力がないというようなことを、この先生はおっしゃっているのかなと私なりに考えました。「非常にレベルの高い研究である。恐らく現在の大学生レベルではないか」と書かれている先生もおられ、その辺、ちょっと反論できないところがあるのですけれども（失笑）。「指導された先生方の見識の高さとご努力に敬服」と、こういう意見は他に2校ございました。「このような立派な紀要を出すパワー」という表現。パワーとかエネルギーとかそういう言葉を使われている回答が少なくない。全部で6校ありました。

　最後は、多少批判的ご意見になるのかなと思うのですけど、こういう意見もあります。「それぞれの町での調査を、富山県や高岡市とどのように結びつけたのかが疑問に思った。ここまで大きなものが出来るならば、もっと自分の地域に根ざして、深く地域のことを調べていくことの方が重要ではないだろうか」。この辺、後で話し合いたい部分なのですが、この先生は調べるのだったら、自分が住んでいる地域を調べるのが先決であろうとのご主張です。［後記：1970年代以降、確かに小学校の生活科の登場や、その後の社会科教育では、「身近な地域」に力点が置かれるようになってきている。ただ、調べ学習や総合学習のスタートを、あくまでも児童生徒の興味・関心や自発性に求めるとしたら、1960年代、高陵中学の生徒たちの、偽らざる興味は地元の高岡市には向かわず、「どこか、山の向こうの街」に向いたのではないだろうか。地域コミュニティーや子ども集団が存在し機能していた時代に、子どもたちが喰いついてくる学習課題と、そのようなネットワークが消滅した現代で、動機づけを高める学習課題が違ってくるのは自然なことである。］

　さて、中学校生徒のクラブ活動、あるいは部活動としての社会科の調べ学習は70年代に入ってから、急速に衰退していく。その理由を先生がたはどのようにお考えだろうか。これはもう、「時間がない」「ゆとりが無い」など。他に4校同意見。それから2校、このような意見がありました。これ、私は賛同するのですが、「中学校においてはスポーツ系の部活動がめざましく普及してきた。また当

時は無かったスポーツ競技も新たな部活動として加わり、保護者からも、中学校にスポーツ系の部活動を作って欲しいという要望がかなりある。そのため、歴史クラブ・郷土クラブなどは、部員不足から廃部になっていった」。スポーツ系のクラブに比重がかかっている、というようなご意見です。確かに小学校の時からそうですよね、福井県、他県も同じでしょうけど、スポーツ少年団のようなものはあるのですが、文化少年団となると、本県では丸岡市にはありますけれども、なかなか文化系の子どもたちっていうのかな、スポーツはちょっと不得手だけれど、絵を描いたり、お話を創ったり、生け花したりとか、そういう子どもたちの活躍の場っていうのは、そういう少年団というのは、学童期には余りありませんし、中学校にいくとますますなくなってしまう傾向があるのでしょうか。また、私、スクールカウンセラーの経験として、スポーツ系のクラブに入って、コンピュータ部に移るとか、そんな形で何となく人間関係を結ぶことが難しい子どもたちの溜まり場・逃げ場のような扱いになってしまっているという文化系の部活動もあるように思っております。同じ質問への回答例です。「文化系クラブが、やる気のない生徒の逃げ場になってしまった」。やる気のないという表現は、私はどうかなと思いますが、スポーツ系の方でやっていくような生徒ではない生徒が行き場がなくて、仕方なく所属するような場になってきた。それから「探究心・忍耐力が昔に比べなくなってきているのではないだろうか」という回答。教師が？それとも生徒が？なんて思ったりもしますけれども、そういうようなご意見もありますね。また同じ質問です。まとまって書いていただいたので、そのままパワーポイントに載せさせていただきました。「1970年代というと、知識・理解の充実に重きが置かれていたということ。社会科の教科書の内容も、今現在の私たちが教えている内容の2倍近くあったのではないか。恐らく今の教科書より50P以上は多かったかも。当時の先生方も教科書をこなすことに時間を費やさざるを得なかったのではないか。当然、課題設定をして、それに事実の調査分析をして結果をまとめるという調べ学習は忌避されてきたのでは、と考える」。70年代に入っ

て、非常に詰め込み主義に走っている。この辺、後で森先生や岡田先生にご意見を伺いたい所で、私にはこの経緯が不明なのですが、明らかに知識量が問題にされてきた。それから、また別の質問。「先生が、現在お住まいの地域、あるいは勤務校の所在する地域に対して、生徒さんたちと一緒に社会的な研究課題、地理・歴史・公民・文化・習俗・環境・人間性などを設定し、調べ学習を行って追求していくとしたら、どんな課題方法が考えられますか」。回答として書いていただいたのを片端からそのまま紹介します。「祭りと町の関係」「ごみ処理関係の調べ学習」「市町村合併で本当に豊かになったと言えるのか」「地域の天神に学ぶ」「故郷の自慢探し」「今後のエネルギーをどうするか」「急速な都市化の問題点と将来像」「郷土の偉人・食材・史跡、地域に残っている習俗」などが、テーマとして先生方からはあげられています。やはり自分の郷土、住んでいる所に焦点を合わせたテーマが少なからずあるのかな、というのが印象です。続いて、これは龍谿先生にご示唆いただいて載せた質問ですけど、「10年後に、先生が1冊の本を出版すると仮定します。その本のタイトルはなんでしょうか、そしてどのようなテーマ・内容・筋書きの本でしょうか」。物語療法とか、カウンセリングの方法がありまして、そちらからの発想で、このような質問から、現在や将来に向かっての先生の意識が見えてくる。これ、実は、私が悪かったなと思うのですが、唐突にこの質問が出ていますので、「分からない」とか、無回答がほとんどでした。その中で、一つ詳しく書いていただいた回答があるので、そのまま、また載せさせていただきました。書名がなかなか苦悩に満ちているんですが、『学校現場の多忙化と教育現場の苦悩』内容は、「世の中では、ゆとり教育がバツで、基礎学力向上ということをやかましく言っている。しかし、現場教員は数十年以前から、基礎学力向上を目指して頑張ってきた。そんな教員を取り巻く環境というと、教員が放課後や休み時間に本当に生徒と触れ合い、向き合っていく時間などほとんど無いのが現状である。会議や官製の研修や、体育祭・文化祭・宿泊研修や、修学旅行等の行事、PTA関係の会議や行事に振り回されているのが現状ではない

だろうか」。とても調べ学習どころではないのだというご意見です。

　さて、発表の流れでいうと三番目ですけれども、これが最後になります。私なりに考える調べ学習・総合学習のエッセンスについて。私は、人間というのは、本性的・本来的に「学びたがり・分かりたがり」の存在であると考えております。（パワーポイントに）「人間の本性としての探求活動」と記しましたけども、小さな赤ちゃんから始まって、だんだん大人になっていき、年老いていくのですが、生まれてから死ぬまで、人間は何か新しいものを自分の中に身に付けていきたい。そして、分かりたい存在ではないかと思います。この「分かる」というのは、「分ける」という言葉もありますよね。「分かる」と「分ける」というのは、非常に近いようです。龍谿先生もご存知かなと思いますが、きちんとデータがあるわけではないのですが、幼児が言葉を話しだしますと、図形として、きちんと閉じた丸（○）が描けるようになるんですね。そういう現象があるそうです。あるいは、逆に言うと、それまでグジャーと線しか描けなかった子どもが、くるっと丸が描けるようになると言葉が出てくる。これは何なのだろうか。私は、「分けた」のだと思います。つまり、丸と言うのが「図」であって、その背後に「地」がある。丸は分離されて、分けられて図として前に出てきた。まさに「分かった」のだと思います。その発達段階に、おそらく雑音でしかなかった音の中で、人間の言葉に意味と言うものがあるという具合に「分けられ」て、前へ出てきたのでしょう。これは嘘かもしれませんよ。私なりに、そうかもしれないなと思って言っているだけですので。

　人間の本性としての探求活動、これこそがまさに調べ学習や総合学習の本質であろうと思います。最近流行りのテレビ番組に「トリビアの泉」というのがございますね。ご覧の方も多いと思いますけども、まさに自分にとって有用であろうとなかろうと「へぇ〜」と思う、あの感じですよね。あれは、この人間独特の「学びたい、分かりたい」という本性ではないでしょうか。この点を、もう少し詳しく、今回の総合学習あるいは調べ学習に結び付けていくと、第一には、「知的好

奇心」を持っているということ。あるいは、何か新しいものを知ろうと、生まれつき内発的に動機づけられている存在であるということ。生まれつき動機づけられた存在である。これが人間であるということは繰り返し申しました。もう一つは、第二の調べ学習の要素ですが、「ひとごと他人事ではない」ということ。

　これ、後で紹介する学校でお分かりいただけると思いますが、人間は、他人事ではなく、自分に関与するものに注意を向けて学んでいく。その発想とは、イコールではありませんけども、コアカリキュラムと呼ばれる発想がありますね。「合科教育」という言い方もあるかな。ある活動をすることによって、その活動の中に、その子どもが将来生きていくのに必要な様々な知識・技能が取り込まれている。国語、算数、理科、社会、美術、音楽、なんでも入っていく。そういう活動を設定して、コア、核にする。そういうような発想。他人事ではない学びは、大切だと思いますよ。英語の授業は、昔 "This is a pen." から始めたりしておりました。ところが、人にペンを見せて、「これがペンです」というような場面が、どれくらい日常生活にあるか考えた時に、多くの場合「ペン」であることは見れば分かるので、あほ臭い話なんですね。そうではなく、他人事ではない、とはどんなことか。私はよく余談ばかりして、時間を超過する駄目講師と言われていて、でも、ちょっと話しましょう。

　二十歳過ぎに初めてイギリスに行った時のことです。私、自分なりに英語が出来ると自負があったものですから、もう何の問題もないと思って一ヶ月間の滞在予定でイギリスに行った。ところが空港に着いて、空港から駅に行って、キオスクみたいな所で、あまりにも喉が渇いて…あの当時南回りという飛行機で行ったものですから一日がかりだったんですよ。で、あまりに喉が渇いて、オレンジジュースを飲もうと思った時に「オレンジジュースを下さい」という英語が言えなかった、どう言えばいいのかさっぱり分からなかった。本当に情けない。例えば、こういう文だったら、当時すぐ言えました。「イギリス経済の現状は、必ずしも悲観的なものではない」というのを英語にせよ、と言われたら、簡単に出る。

なのに「オレンジジュース下さい」は言えない。そういう英語教育を受けていた。ただ、キオスクの前にたたずんで、"Give me orange juice."なんだろうか"I want orange juice."なんだろうか、どう言ったら正しいのだろうか悩んでいたら、四, 五歳の小さい女の子がやってきて、僕の横で、オレンジジュースを頼んだ、たまたま、です。"Can I have orange juice?"って聞こえた。"Can I have〜?"こんな言い方があるんだ！それで一発で覚えましたね。それ以降、どこでも出ます。ようするに他人事ではなかったですから、そういう学習は。その場で、私の中に深く入るんですね。これはちょっと余談でした。

　それから三番目に、相互学習、お互いに学び合うということ。あるいはご存知の先生方も多いかもしれませんけども、「状況的学習論」という言葉が1990年代に入ってきてからよく使われるようになっております。これが21世紀の学習の、ある部分を代表するような学習になるのでは、と予測する人もいます。以上、「学びたがり、分かりたがり」「他人事ではない」「状況的学習論」、これらを調べ学習のエッセンスとして考えていきたい。もう少し、これらを見ていきましょう

　まず生きる力としての学力ということで、「他人事ではない学習」から。これは教育にたずさわっている方は、またこの話かとお思いになるかもしれませんが、長野県に伊那市立伊那小学校という小学校がございます。私が大学生だった1980年代の頭には、研究者や教諭が徒党を組んで見学に行くような小学校でした。確か、福井大学でも、松木健一先生が関わっていらっしゃると側聞しております。この小学校の実践は、総合的な学習の時間そのものです。実際「総合」と呼んでおりましたね。この小学校では「想い」や「意欲」というものを、学力の中心と考えていました。意欲、この（パワーポイントの）写真は馬だと思いますが...山羊かな、馬ですね。この馬には「〜ちゃん」と名前がついていて、〜ちゃんをクラス皆で飼っていきたい。1年、2年、3年と長期間飼っていきたい。その「想い」が意欲としてある。飼っていくためには、まず情意的な学力というのが先行する。愛着や畏敬、畏敬というのは、例えば命への畏敬が学ばれる。知

識・技能的学力も身についていくんです。例えば、一頭の馬を買うために必要な餌代を計算することが必要。これは算数の知識・技術になる。このお馬さんに対して、詩を作る。国語になります。また、そのお馬さんが食べる物、どんなものを食べるのか森に入って皆で調べてみる、理科の学習にまで発展していきます。お馬さんの小屋に絵を描いてみようじゃないか、図工の活動にもなります。これがまさにコアカリキュラムの考え方による総合学習です。本来は、ここで伊那小学校のビデオを流す予定だったのですが、すでに時間超過でして割愛させていただきます。申し訳ありません。

　ただ80年代初頭当時は、大変だったのではないでしょうか。大勢、学生や研究者らが伊那小学校を訪れましたから。見学の先生方でぎっしりという状態がありましたね。まとめますと、伊那小のコアカリキュラムとはこういうことです。動物を飼う活動があって、それは他人事ではない「想い」なんだと。自分にとって大切な馬だったり、牛だったり、羊だったり、犬だったりする。動物を飼う活動の中に、国語的要素、算数的要素、理科的要素、体育的要素、皆入っていくということ。そして、その下に、系統的学習と書きましたけども、伊那小学校は、羊か馬か、飼うばかりで、例えば順序良く算数の勉強をしないのですかと言えば、そうではない。系統的に順序良く学習をしていくということもあります。ただそれと並立させて、上手い形でこの総合学習を取り入れている。私は、系統的にやっていて上手くいく場合、総合学習で上手くいく場合、あまりこだわらずに考えたいなと思っています。科目によっては、例えば数学、算数のような科目ですね、かなり科目全体の内容を階層化、系統化できる科目ですよね。それをあるステップで掲示することで、学習が進んでいく。ただし、やり方は色々あると思います。なるべく小さいステップに分けて、分からない所があれば先生に聞くとか、コンピュータで調べるとか、先輩に聞いてみるとか、いろんな工夫はあると思うのですけれども。系統的にやっていくというやり方もあっていいと思っております。

　それから子どもたちがそれぞれ将来出会う事態で生きて働く力、今で言う「生

きる力」ですが、そういうものこそ、本当の学力だと考える。私の大学時代の指導教授は「『転移』こそ学校教育の本質」とよくおっしゃっていましたが、学校で学んだこと全部忘れてしまっても、後に残った何かが学習であるということ。何か矛盾した言い方ですけども。学校で学んだことが、その後人生を生きていく中で、何らかの形で活用されていくこと、それを転移と言います。狭いレベルで言えば、英語を学べば、次にドイツ語を学ぶ時は学びやすいだろう、というのが一つの転移です。でも、そんな単純な話ではなくて、より広く自分が生きていく生活の中で役立っていく、それを私の先生は転移と捉えて、その転移こそ学習の本質であろうとお考えでした。ですから、私は、これは議論のしどころですけども、社会に出てから全然使わないことを学んで意味があるのか、もっと即効的に役に立つことを学べばいい、という考え方。これには、私は賛成ではありません。転移ということを考えた時、因数分解の学習に意味があるのかと問われて、何らかの、実は学習の本質的な意味があると考えたい人間です。

　それから、「知的好奇心」。私たちは生まれながらにして、環境に対して効果的に働きかける能力と意欲を持っている。この能力と意欲を「コンピテンス」と、ホワイトという心理学者は名づけました。そして、この図はよく使われる図ですけども（パワーポイントを指して）、生後２日以内の赤ちゃんが黒、生後２～５日の赤ちゃんが点々の棒グラフでそれぞれ表されておりますが、どんな図形をどれぐらい注視するかという、赤ちゃんの注視時間をここに示してあります。黄色、赤、白の円盤、文字らしきものが書いてある円盤、矢の的のように同心円になっている円盤、人間の顔の絵が描いてある円盤、以上を比較すると、赤ちゃんがじっとよく見つめるのは人間の顔のようなもの、これはファンツという学者が行なった実験です。人間はより複雑なもの、あるいは自分が持っている頭の中の枠組み、専門用語でスキーマと言いますけども、そういうものと少しズレのある情報に対して関心を示すということが知られています。先程、私が申しました「学びたがり・分かりたがり」というのはそういうことです。

そして内発的動機づけ、この概念が、アメリカでは1970年代、我が国では1980年代には随分と研究対象となり、そして学習における重要性が主張されるようになりました。これも総合的な学習の時間の背景理論というか、そういう理論だと思いますが、まず自分で行動して、自分でやって、それに対して環境側が何らかの応答を寄せてくれる、調べ学習だったら、自分で敦賀に行って調べれば、相手が何か応えてくれる、そういう環境の応えてくれるという所から、自分から何かやると応えが戻ってくる感覚、あるいは自分の力で環境を変えるということが出来る感覚、そういうのを「自己効力感」と呼んでいます。自己効力感が生まれてくると、もっとやってみようという気になります。誰か人を好きになった時にメールを送って返事がくれば、また送りたくなりますけれども、何度送っても戻ってこなければ、もう駄目だと思って諦めるようなものです。

それから、「統制感」。ド・シャームという学者がいまして、「コントロール定位」と言いまして、大雑把に言うと人間には二通りあると。まず、コントロール定位が内側の人。自分がやっている行動の原因を自分自身の内側にある、つまり自分が選んで、自分がこういうやり方でやりたいと思っているからやっているのだと考える人間です。その反対で、コントロール定位が外側にある人。自分ではなく、誰でもいい、親でも学校の先生でも、他人が選んで、他人がこうしろと言うからやっていると考えやすい。そうそう大雑把に、カテゴリカルにはいかないと思いますけれども、そういう二種類の人間があるとした場合、内発的動機づけは、コントロール定位が内側にある場合と関係します。自分が選んだ、自分が決定したからこの活動をやっている。だから長続きするし、面白いわけですね。そういう統制感、そして自己決定、自分が決定する、あるいは自分で選ぶ自己選択、そういうことが、もっとやってみよう、面白い、楽しいという気持ちをどんどん育ていくし、学習活動の継続につながります。まあ、私も自分の妻は自分でいいなと思って選んだ、それで今のところ長続きしていますが（失笑）。馬鹿なことを言ってしまいました。この辺カットで。

続きまして「状況的学習論」。これ、最近、教育心理学のテキストだとか、心理学でなくても取り上げられますが、アメリカにレイヴとウェンガーという学者がいまして、1991年に本を出しました。そこから話題になったのですけど、私なりに解釈すると"門前の小僧　習わぬ教を読み"と言う言葉がありますね、門前の小僧というのはお寺さんに入って、小僧さんとして箒で庭を掃除したりして、特別お経を教わらなくても、「観自在菩薩〜」と自然に覚えてしまう、こういうことを「習わぬ教を読み」と言いますね。学校文化とは違う「学習を再生していく」という営みが本来の学習ではないか、というのがレイヴとウェンガーの主張です。では、もう少し詳しく。どういう主張かと言いますと、まず学習というのは、人が何らかの文化的共同体に参加し、そこで社会的役割を担いながら新参者から古参者に成長していく過程で、目標は「一人前」である。これ、だいぶ今までの学習観と違うんです。学習は、新しい知識や技術・能力が身につくこと、そのプロセスではなくなってしまった。普通、学習の定義と言ったら、学習とは経験を通して何らかの行動変容が云々、というふうに、伝統的な心理学では言う場合がほとんどですが、レイヴとウェンガーは、もっと社会的な定義をしている。何らかの、人間の集団・共同体に参加して、そこで役割を担うことだと。例えば、お寿司屋さんならお寿司屋さんに丁稚奉公して入って、初めは皿洗いから始めて、だんだん必要な仕事ができるようになって、先輩になり、そして古参者になっていく。それから、一人前の寿司屋として、暖簾分けしてもらうのかな。そんなプロセスを学習と考える。過去の歴史においては、職人の世界の徒弟制度、商家での奉公、僧侶の育成、村の若者仲間、などがモデルです。
　「若者仲間」というのは、この講演会の主催者、多仁照廣先生の大きな研究テーマでして、私なぞが説明するのもおこがましいのですが、かつては、子どもたちは、ある年齢になると、若者仲間とか、若衆という集団に入って、そこで何らかの役割を担ったわけです。重要な役割は、「防衛」や「治安」でしょうね。外から誰かが襲ってくる場合、村を防衛するとか、あるいは火事があれば消すとか、

そんな形で共同体の中で役割を担っていた。そういう思春期世代がモデルになっている。レイヴとウェンガーは、インディアンの社会なんかを調べてこう分析したそうですが、日本に当てはめるなら、若者仲間とかとてもいいモデルだと私は思います。今、中学生や高校生、大学生もそうだけれども、どういう役割が期待されているでしょうか。勉強ができること。中学生だったら勉強して、例えば敦賀高校に入るとか、そういうことが期待されているのであって、地域や町が、中学生、高校生、そういうエネルギーにあふれている世代に、村や町を支えていく役割を期待しているなど、まずないのではと思いますが。でも、昔は期待されていたんですよ。ある意味では、とてもいい文化装置だと思います。例えば、江戸の町なんかでは、やんちゃでどうしようもないのを、ちゃんと組織化して、町火消しとか役割を与える。町火消しに入るような若者っていうのは、ほっとけばかなりやんちゃだったのでしょう。でも、あの人たちの勇敢な働きで、消火活動を行なっていく。ひょっとすると反社会的な方向に走っていたかもしれない若者に、江戸の町での消火活動という非常に重要な役割を与えていく。大岡越前守が、意図してそうしたかは分かりませんが、地域の重要な役割を与えて、地域に取り込んでいますね。

　この状況的学習論も、総合的学習の論拠の一つになっています。その特徴として、直接的に教えるということはほとんど無い。学習は共同体の実践に参加することを通して、潜在的になされる。1時間目〜、2時間目〜、というふうにはしないのですね。つまり、「状況」に埋め込まれている。共同体の一員としての自己形成過程こそ、学習。そこでは、学習＝職業的自己確立という等式が成立している。商家への奉公とか、学んでいくということが、そのまま職業的アイデンティティ、生きていく上での自己確立になります。もちろん、現在の学校も進路指導はしていますが、学校の学習そのものが職業的自己確立に結びつくというわけには、一般的な義務教育ではなってないですよね。そして学習者と教育者の明確な区別はなく、新参者もやがては古参者になって共同体を再生産する。この辺、

とても重要かなと思います。教える側と学ぶ側と言う縦の区別はあまり重要視されていないですね。先輩、後輩はありますけれども。そして、やがて教わる側も教える側に変わっていく、そういう関係があって、共同体が再生産されていく。（パワーポイントの表を指して）以上をまとめて、新旧学習観の対比として、従来の学習観、新しい学習観というふうに、教育工学辞典から引用させていただきました。これは、さっと見ていただければよろしいかなと思います。

　終わりにあたりまして、福永の持論あるいは暴論というのがあります。やはり、歴史学は温故知新であろうと。専門家でもないくせにでかいことを言いますが、古きを温ねて、新しきを知る、やっぱり古いものの中に、何か現代に生かせるもの、人間の存在とか幸せを考えるときに本質的なものがある、そういう視点が歴史学だろうと。そして、総合的な学習の時間は、今に始まったわけではない。伊那小学校や、今回紹介した高陵中学校の例が、なによりもそうです。これらは総合学習ですよ。そして、過去の例に学ぶものは多いのではないでしょうか。例えば、80年代からずっと言われ続けている、オープンスクール。オープンスクールというのは、教室の壁がないとか、学年の隔たりがない無学年制であるとか、いろいろオープンにしている。（パワーポイントで、寺小屋の授業風景の絵を指して）寺小屋ですけど、オープンスクールだって昔からあった。寺小屋というのは稼動式の障子戸があって、好きに動かして、夫婦で教えたりすることも多いのだそうです。個別指導になったり、ちょっと集めて教えたり、江戸では手習い師匠と呼んだそうですが、こういうものだって、本質的にはオープンスクールです。

　そして、どんどん暴論的になっていきますが、総合学習のエッセンスを引き出すには、時間的・精神的にもっと「ゆとり」を与えれば、教員の心の中に自ずと自発性・探究心は生じてくるのだと、これが私の暴論です。「生徒」ではないですよ、「教員」の心の中に生じてくる。私は、現在の総合学習の成否は、教員自身が面白がって、楽しがって、そして意欲的に取り組んでいけるかどうかだと思

っています。高陵中学校の、この実践例から自分なりに考えたことは、これは生徒以前に先生が楽しんでいる。面白がっている。それに生徒が巻き込まれていったに違いないと思います。そして、生徒が発すること、いろいろな質問や活動の中に、今度は先生も巻き込まれていく、そういう相互作用や循環の中から、高陵中学校の、この素晴らしい紀要が結晶していったと考えます。教員自身の中に、「面白い、楽しい」という調査研究の感動がなければ、総合学習とか、調べ学習というのは、本質を失うであろうと思います。私たちは、自発性というと、「子どもの〜、子どもの〜」とすぐ言い出すのですが、教員だって、自発性と、探究心と、遊び心と、みんな持って良いわけですよ。そこの所を可能にするような行政的バックアップなり、システムなり、そういうものが必要なのだろうと考えます。

　以上、まとまりがあったような、なかったような、実はパワーポイントを使って講演をするのが、今回が初めてでして、何とかパワーポイントを使いこなせてホッとして終わります。ご静聴ありがとうございました。

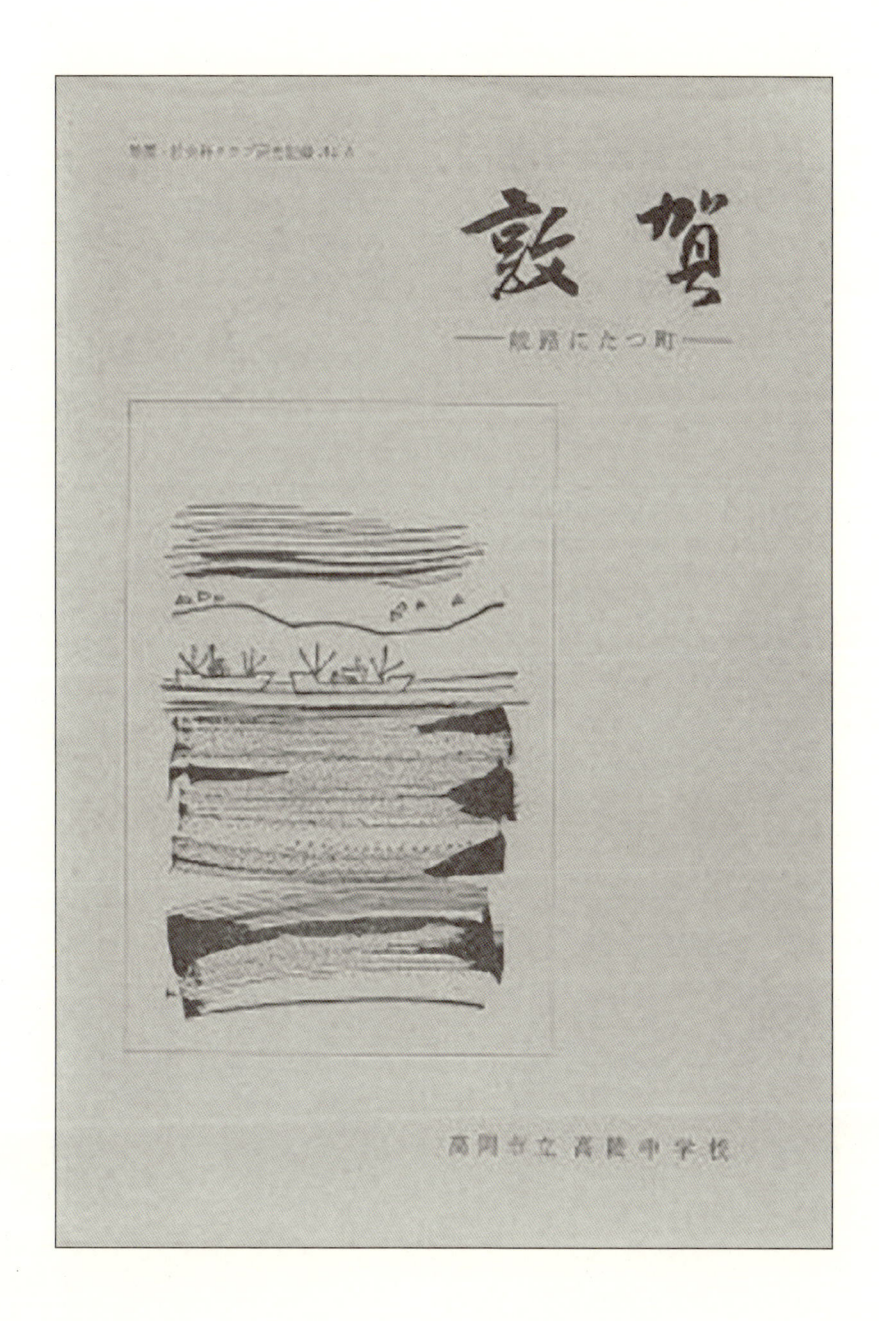

富山県高岡市高陵中学校地歴クラブの活動　27

敦賀
——航路にたつ町——

高岡市立 高陵中学校

富山県高岡市高陵中学校 地歴クラブの活動

敦賀短期大学
福永信義

本発表の流れ

- 高陵中学校 地歴社会科クラブの結成と活動の経緯
- 中学校社会科教諭へのアンケート
- 調べ学習（＜総合学習）のエッセンス
　　→教育心理学の視点から

地歴社会科クラブ結成への道のり

中山 実 先生（元 高陵中学校教諭）へのインタビューから
2003. 12. 24

- 40数年前、当時30代半ばの社会科教諭が、「富山県地理学扇状地同人会」を結成。それぞれに研究活動。（郷土を知って、未来に伝えたいという想い）
- 同人会の中から、北林善弘、竹内伸一、両先生が高陵中学校に赴任。
- 「研究は生徒とともに」「社会科学習はフィールドワークのプロセスこそ重要」という信念。
- 地歴・社会科クラブの活動が発展する（理科クラブが先行していた）。

結成以後の活動

- 60～70年代に「日本海側の港町」を大きなテーマにして研究，調査を開始。
- 例年、生徒たちは4月に調査地域を決定。わくわくしながら先輩に訊いたり、自分で調べたり期待を膨らませていた。
- 夏に宿泊して調査。2月をめどに研究紀要をまとめる（創る喜び）。
- 日常的には、近隣の土器や、お寺の歴史など調査した。

例：『敦賀 －岐路にたつ町－』

目次

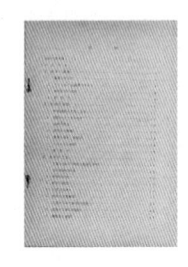

VI 敦賀の将来

コミュニケーションと支援
- 管理職と親の理解。(同クラブには、どちらかといえばスポーツが苦手な生徒が多かったが、同クラブへの所属を誇りにしていた。また親も「あの先生の指導のもとで」ということで喜んだ。)
- 調査地域で様々な人々と交流(行政関係者、郷土史家、大学教員、班別での聞き取り調査)
 →子どもたちにとっても大きな喜び

教師ー生徒の信頼関係
- 教員自身も、教員ー生徒、先輩ー後輩などの相互学習を重視。
- 今の「教師ー生徒」の関係より密接だったと思う。教員と話すことを子どもたちは喜んでくれた。
- 卒業後、いまでも連絡のある生徒もいる。
- この「調べ学習」がきっかけとは言い切れないが、その道の専門家(大学教員など)になった生徒も。

クラブ活動の展開
- 高陵中と同様の活動は市内各中学校へも波及(明治100年の影響も?)
- 教員＆生徒が各中学校で実施した「調べ学習」の成果を発表する発表会が行なわれるようになった。
- 生徒との「調べ学習」に参加し、生徒を導いていくことが、社会科教諭として「一人前」と見られる雰囲気が醸成された。

「調べ学習」の衰退
- 研究者として活躍する教諭が高等学校へ吸い上げられていった。
 →代わりに高等学校で「調べ学習」を行なうようになった。
- 教員の世代が替わり、率先して「調べ学習」をする教諭がいなくなった。
- 市内発表会など、充実していく中で、逆に負担に感じる先生も多くなった。

中学校社会科教諭へのアンケート
- 福井県嶺南地域および嶺北の丹南地域の中学校32校に、「社会科教育・歴史教育アンケート調査」と題して、高陵中学校の「敦賀ー岐路にたつ町ー」の一部を読んでもらい、社会科教育のあり方について意見を訊いた。回答者は、各学校の社会科教諭1名。
- 回収した回答は、17校

アンケートの結果（公表を許可していただいた14校から）
- 質問：「現在お勤めの学校に、『歴史』『地理』『社会科』に関する部活動はありますか？」
　　　　　　　　　　　「ある」という回答：0校
- 質問：「現在お勤めの学校に、文科系の部活として、どのようなものがありますか？」
　・吹奏楽（10）、美術（6）、合唱・書道・パソコン（3）、JRC（2）、日本舞踊・写真・陶芸・文芸・放送・英会話（1）

質問：文科系部活動になかで「調べ学習」に相当する活動があったら活動内容をお書きください。

○JRC：福祉活動に関して調査。
○パソコン：HPのつくり方や、内容（素材）に関してのデータ集め。

質問：現在、あるいは過去において「授業」およびその延長的な活動として、「調べ学習」を取り入れたことはありますか？
- ○○町を将来住みたくなるような、魅力ある町にするにはどうしたらよいか？（グループごとに役場や図書館で調査）
- 地理では元々地域の調査・世界の調査という単元があり、調べ学習をすることになっています。昨年はテーマを「福井県」と「EUの国々」として班での調べ学習をしました。

質問：現在、あるいは過去において「授業」およびその延長的な活動として、「調べ学習」を取り入れたことはありますか？（その2）
- 男女差別・外国人差別・障害者差別など、さまざまな事例の新聞をストックしておき、それらの資料をもとに、また生徒自身も新聞・雑誌などの記事を集めて、人権問題などに取り組んだ。
- 「身近な地域」を校区内にて野外調査。地図をもとに地域内を調査。（テーマ例：「新しい住宅用地がなぜ増えているのか」）

質問：現在の勤務校では、「総合的な学習の時間」としてどのような活動をなさっていますか？
- 「地域」「環境」「福祉」の各コースに分かれて各自でテーマを設定し調査。成果を発表、あるいはレポートを作る。
- 地域の昔の風習を調べたり、自然や昔の様子の調べ活動を行なった。また、人権教育に関することも行なっている。
- ○○市の歴史や文化・産業を調べる。
- 地球規模の環境学習を追究。高齢化社会の現状と今後を追究。21世紀のまちづくりを構想する。

質問：「総合的な学習の時間」の活動に、「調べ学習」的な要素はありますか？
- 地域に出向き昔の様子を聞き取り調査。
- 書籍やパソコンを使って行なっている。
- ゲストティーチャーを招いて行なっている。
- 個人テーマを決めた後、図書室やインターネットで調べている。

富山県高岡市高陵中学校地歴クラブの活動　　31

質問：高陵中学校「地歴・社会科クラブ」が1965年に発行した研究紀要「敦賀一岐路にたつ町一」（抜粋）のご感想をお書きください。
- これほど用意周到で、しっかりアンケートやその結果を十分に考慮しながら研究をする（結果をまとめる）ということは今では不可能に近い。カリキュラムや授業時数確保という点で不可能であるだけでなく現在の中学生はこの調査のような質問事項を考える力がないのではないかと思う。
- 非常にレベルの高い研究であると思う。おそらく現在の大学生レベルくらいではないか。指導された先生方の見識の高さとご努力に敬服。（同様の意見が他に2校）

質問：高陵中学校「地歴・社会科クラブ」が1965年に発行した研究紀要「敦賀一岐路にたつ町一」（抜粋）のご感想をお書きください。（その2）
- このような立派な紀要を出すというパワーがすごい。（同様の意見が他に5校）
- それぞれの町での調査を富山県や高岡市とどのように結びつけたのかが疑問に思った。ここまで大きなものができるのならば、もっと自分の地域に根ざして、深く地域のことを調べていくことのほうが重要ではないだろうか。

質問：中学校の生徒のクラブ活動としての「社会科の調べ学習」は、1970年代に入ってから、急速に衰退していきます。その理由を、先生はどのようにお考えでしょうか？
- 時間に余裕がないから。ゆとりがないから。（他に4校同意見）
- 中学校においてはスポーツ系の部活動が目覚しく普及してきた。また当時はなかったスポーツ競技も新たに部活動として加わり、保護者も中学校にスポーツ系の部活動をつくってほしいとの要望もかなりある。そのため歴史クラブ・郷土クラブなどは部員不足から廃部になっていった。（他に1校同意見）

質問：中学校の生徒のクラブ活動としての「社会科の調べ学習」は、1970年代に入ってから、急速に衰退していきます。その理由を、先生はどのようにお考えでしょうか？（その2）
- 文系クラブがやる気のない生徒の逃げ場になってしまった。
- 探究心・忍耐力などが昔に比べなくなってきているのではないだろうか。

質問：中学校の生徒のクラブ活動としての「社会科の調べ学習」は、1970年代に入ってから、急速に衰退していきます。その理由を、先生はどのようにお考えでしょうか？（その3）
- 1970年代というと知識・理解の充実に重きが置かれていたということと、社会科の教科書の内容も、今現在の私たちが教えている内容の2倍近くあったのではと思う。おそらく今の教科書より50ページ以上は多かったかも（？）。当時の先生方も教科書をこなすことに時間を費やさざるをえなかったのではないか？当然、課題設定をしてそれに事実調査分析をして、結果をまとめるという調べ学習は、忌避されてきたのではと考える。

質問：先生が現在お住まいの地域、あるいは勤務校の所在する地域に対して、生徒さんたちと一緒に社会的な研究課題（地理、歴史、公民、文化、習俗、環境、人間性など）を設定し、「調べ学習」を行なって追究していくとしたら、どんな課題、方法が考えられますか。
- 「祭りと町の関係」「ゴミ処理関係の調べ学習」「市町村合併で本当に豊かになったといえるのか」「地域の先人に学ぶ」「ふるさとの自慢探し」「今後のエネルギーをどうするか」「急速な都市化の問題点と将来像」「郷土の偉人・食材・史跡」「地域に残っている習俗」

質問：10年後に先生が1冊の本を出版すると仮定します。その本のタイトルは何でしょうか？そしてどのようなテーマ、内容、筋書きの本でしょうか？

- 書名：『学校現場の多忙化と教育現場の苦悩』
- 内容：世の中では、ゆとり教育が×で基礎学力向上ということをやかましく言っている。しかし、現場教員は、数十年以上前から基礎学力向上を目指して頑張ってきた。そんな教員をとりまく環境というと、教員が放課後や、休み時間に、本当に生徒とふれあい、向き合っていく時間などほとんどないのが現状である。会議や官制の研修や、体育大会、文化祭、宿泊研修や、修学旅行等の行事、PTA関係の会議や行事に振り回されているのが現状ではないだろうか。

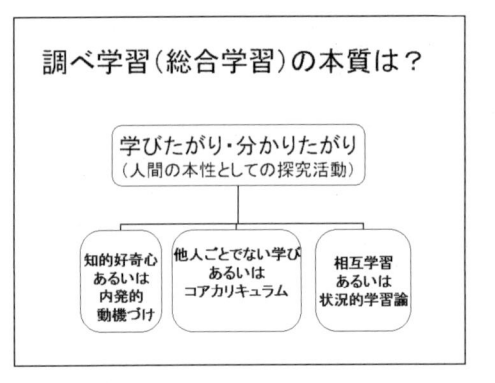

調べ学習（総合学習）の本質は？

学びたがり・分かりたがり
（人間の本性としての探究活動）

- 知的好奇心あるいは内発的動機づけ
- 他人ごとでない学びあるいはコアカリキュラム
- 相互学習あるいは状況的学習論

「生きる力」としての学力
～伊那小学校の実践、「想い・意欲」を中心に～

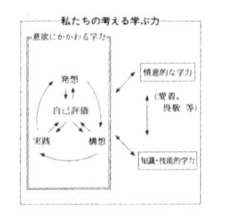

カリキュラムの観点から

- コアカリキュラム（右図）
- 系統的学習あるいは教科カリキュラムとの並存
- 子どもたちが、それぞれに将来出会う事態で、「生きて働く力」
- 「転移」こそ学習の本質

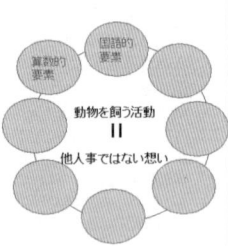

知的好奇心（コンピテンス）

- 私たちは、生まれながらにして環境に対して効果的に働きかける能力と意欲（コンピテンス）をもっている
  White, 1959

内発的動機づけ
　○自己効力感
　○統制感
　○自己決定

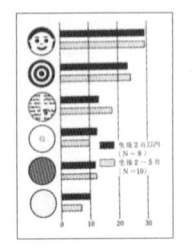

状況的学習論とは？

「門前の小僧、習わぬ経を読み」
学校文化とは違う学習の再生
　　　　Lave&Wengner,1991

- 学習とは、人が何らかの文化的共同体に参加し、そこで社会的役割を担いながら、「新参者」から「古参者」に成長していく過程。目標は「一人前」
- 過去の歴史においては、職人の世界の徒弟制度や、商家での奉公、僧侶の育成、村の「若者仲間」などがモデル
- 現在の総合的学習の理論的根拠のひとつ

徒弟制度の特徴
- 直接的に「教える」ことはほとんどない。学習は共同体の実践に参加することを通して、「潜在的」になされる。いわば、状況に「埋め込まれた」学習。
- 共同体の一員としての自己形成過程こそ、学習。そこでは、学習=職業的自己確立という等式が成立している。
- 学習者と教育者の明確な区別はなく、新参者も、やがては古参者となって、共同体を再生産していく。

新旧学習観の対比
(参考 教育工学辞典)

	従来の学習観	新しい学習観
学習	「知識」の獲得	共同体への参加
知識	所持するもの	共同体における実践、談話、活動
子ども	同じ知識で満たされる容器	仲間と共同する、独立した個人
教師	全ての知識の源泉	知的資源へのアクセスのガイド、先輩
理念	教育の効率化	学習の支援

終わりにあたって
福永の持論(暴論?)
- やはり歴史学は「温故知新」
- 総合的学習の時間は今に始まったわけではない
→伊那小学校や高陵中学校の例に学ぶものは多い
- オープンスクールだって…

昔からあった

総合学習の本質を生かすには
時間的、精神的にもっとゆとりを与えれば自ずと「自発性」「探究心」は生じてくる…

戦後教育史の中の社会科

福井大学教育地域科学部教授

森　透
（もり　とおる）

外岡　ちょっと時間を超過しておりますけれども、続いて福井大学の森先生に「戦後教育史の中の社会科」というテーマでお話をいただきたいと思います。休憩を取りませんけれども、適時にトイレ等行っていただいて結構かと思いますので、よろしくお願いします。講演が終わりましたら、パネルディスカッションの前に5分ほどの休憩を取りたいとお思いますので、よろしくお願いいたします。

　コンピューターを変える時間が2, 3分ございますので、どうぞその間トイレ等休憩して下さい。

　森と申します。ちょっとセットしている間に、会場で小・中・高等学校の先生方はどのくらいいらっしゃいますか？あまりおられないですか。今の福永先生のお話がすごく面白くて、ずっと聞いていたかった。今日は福永先生の講演会でいいじゃないかと思ったぐらいなんですけれども。専門が福永先生は教育心理学で、私は教育学という、その中でさらに大学院の時は日本教育史というのを専攻していました。福井大学に来て今年で20年目になります。私は明治時代の初めの頃

をやっていたんですね。で、資料を色々集めてやったんですが、福井大学に来て、授業でその話をすると学生は全然面白くないと、私の教え方もまずかったんですけど、全然乗ってこないですよね。魅力の無い授業をしてるなと反省したんですが、もう一方、福井大学は教師になる学生がほとんどで、教育の具体的な姿って言いますかね、そういう実践、子どもたちが一体どういう状況で、教師がそれにどういう風に関わったか、その辺の所をもっともっと自分は考えなきゃいけないなと思いました。一応日本の近代が始まる明治期の研究をやっていたんですが、ちょっと時代を遅らせまして、大正・昭和期ですね、1920年代から30年代、いわゆる大正期にですね、福井県で全国的に有名な実践があったのが分かりまして、今の三国の南小学校、当時は三国尋常高等小学校と言ったんですけども、子どもたちが自分たちで学ぶ自発教育、自ら発する、後から出てきますけども、先生が授業で一方的に教えるのではなくて、子どもが自分から学ぶような学習をしないで、本当に自分のものにならないんじゃないかという理念の実践があって、これはすごいと私が福井大学に来た頃、調べ始めて三国小学校に何度も行きました。あそこに戦前の資料がど〜んとあるんですね。資料室がありまして、お願いして見させてもらいました。

　そんな事を始める中で、総合学習の事を言われ、賛成なんですけれども、日本の歴史を見ますと、明治の終わりから大正・昭和に当時から総合学習の基があるんですね。今例えば生活科って小学１，２年生の低学年にありますよね。生活科が入った時、生活科というのはある意味総合的な教科だと僕は思うんですね。理科・社会の代わりに入ったと言われてますけども、かなり総合的な、色んなテーマをやりますから。その生活科が１，２年生にあって、その後３年以降がなかなか繋がらなかったのが、総合的な学習が３年以降に入ったという風に僕は理解しています。ただ総合学習についてはいまだ議論が学力論でありますけれども、総合的な学習の中で本当に子どもたちが自主的・主体的な学びが出来たら素晴らしいなと思いますし、先生もですね、自分も先程先生自身が楽しむとありましたが

全くその通りで、先生自身が自分で探求的な学びをやれたらいいなと思って、そのような事を色々調べていく中で、大正から昭和の話を調べ、それを学生と一緒にね、話をしたり、当時の色んな資料を読みますと学生もすごく面白くなってきて、今の学校が抱えている課題と当時の教師の悩みが非常に似ているじゃないか、本当に一方的なその授業が知識の教授ではなくて、子どもたちが自分で調べて、学習していくという学習が当時からあった。明治の終わりぐらいから教育の捉え直しが始まりましてね、大正・昭和と全国的にそれは行なわれたんです。福井県では三国の小学校の自発教育が有名なんですけども。そういう歴史がやっぱりあった。僕なんか大正・昭和の実践といまの実践、総合もそうですし、もちろん時代が違うので、歴史的制約はもちろんあるんですけども、中身として当時の教師はどういう事を葛藤したのかなと考えていくと非常に学ぶものは多いのかなと思っているんです。

　そのような事で20年経ってしまったんですが、最近は歴史教育をあまりやっていないという感じなんですけども、他の方で忙しいといっちゃうとあれなんですけども、授業は教育学の一般授業を、例えばいじめとか不登校の問題とか、それから福井大に来た頃は教師の体罰の問題もかなり、今でも出ますけども、当時は全国的にありました。さらに1つだけ大きいのは、男子中学生の頭髪・丸刈りが10年前はすごかったんです。特に福井県なんかは福井市内は結構自由な髪型ですが、郡部は全部丸刈りでした。それで私、東京出身なんですけども、東京ではあまりそういうのは無かったので、ちょっと福井に来てビックリして、さらにビックリしたのは小学生でも制服があることです。親御さんの事情でなったものでしょうが、制服とか丸刈りとかあって、当時自分は教育の歴史をやっていたのですが、もう一方で今の教育学という授業もしてました。今の教育の問題について考えていたので、丸刈り校則の事は今大学で教育相談をやってまして、何故やってるかというと当時大学で私と一緒にやっていた小林剛先生がおられました。ある中学生と保護者の方がどうしても髪の毛を切りたくないと。男の子の兄弟が

いて、「兄ちゃんは小学校は伸ばして、中学校は切った。すごく辛い。」と、弟さんが今度中学校に入るんだけど、どうしても切りたくない、どうしたらいいだろうかという相談があったんですね。それで結局大学の中では小林先生とか地域の保護者の方とか何人かで会をつくったんですね。それである郡部の方なんですが、結局その弟さんは3年間髪を切らなかったのです。だから中学校の規則では丸刈りですから、それは非常に辛かったそうです。担任の先生にも相談して、担任の先生は非常に話を聞いてくれて良い先生だったらしいですけど、先生は規則だから、校則だからやっぱり自分だけというのはあまりよくないと、強制的な言い方ではなかったんですけども。そんな事があって、彼としては自分の髪の毛は自分で決めたいということで。校長さんはなかなか頑固な方で、保護者の方は校長さんとしょっちゅうぶつかっていたそうですけど。そんな事がありまして、確かに規則・ルールというのはある。人間社会においてはそれを守らなきゃいけないというのは前提だと思うんですけれども、でも制服と頭髪というのはちょっと違うと思います。制服というのは着ますけど、家に帰って脱げば、私服になれますよね。髪の毛は体の一部なので、切ってしまうとどこへ行っても坊主なわけです。という事もありますし、それから話が飛ぶんですが、当時福井県だけでなく、全国的に愛知県や千葉県とか管理教育とかがあって、結構問題になったんですよね。それをやっぱり、確かに今は規則はそうだけども、いずれそれを変えていく方向で生徒会とか変えたいと思う保護者の方、先生方の中にも丸刈りが必ずしもいいとは思ってない先生もいらっしゃる。変えていく方向の中でその問題を考えていったほうがいいんじゃないかという事で、僕たちとしては保護者の方を応援しようという事でやったんですよね。マスコミの方も結構興味本位ではなく、真剣に考えてくれる方がおられて、そういう方が個人としてその会に参加して、同じ立場になって考えようとしてくださった。その時に校則の問題をきっかけに、教師の体罰の問題とか当時いじめ・不登校はまだそれほどじゃなかったですけど、いろいろな問題がある。いろいろなストレスを子どもは感じている。それを福井県

内の皆さんに受け止めるようにしようというんで、今の"子どもの悩み110番"というのが93年から始めたんですけども、12,3年経つんですが、そのような事がきっかけなんです。自分の中で相談的な事と基本的には子どもたちが学習に関しても自分から主体的に、面白いな、学びたいな、と思う学習が学校の中に出来るのが一番いいと思うんですよね。でも現実はなかなか難しいし、先生方が多忙だっていう、本当に忙しくて余裕がない、時間があればじっくりやりたいんだけどなかなか時間がない、色んな会議が多い、先生方に責任があるんではなくて、先程の親の会「福井の教育と文化を考える会」という名前にしましたけど、そこでいろいろ親御さんが来ると学校の批判がボンボン出るわけですよ。その時に元校長先生が1人おられまして、その校長先生が非常にユニークな先生なんですが、"あなた方は学校批判・教師批判をするけれども、もしあなたが学校の先生だったら同じ事をするんじゃないんですか。"と言われたんですよ。それを聞いた時に僕はすごくドキッとしたし、外から批判するのは簡単なんだけど、学校というシステムに入った時に、その一員になった時に本当に内部からそれを変えると言うのは重い課題ですよね。それはそのシステムに取り込まれてしまう。だから本当に相手に対して意見を言う時には相手の立場、そういう状況を理解した上で、多分先生も組織の中で悩んでる、割り切っちゃって悩んでない人もいるかもしれないけど、良心的な先生はこれではいけない、こういう授業ではいけない、こういう規則ではいけないと思ってるはずです。それを変えたいと思っている、なかなか変えられない、それは学校というシステムが現実としてあるわけですよね。でも、それを1人では無理なんですけど、何人かで連携すれば、僕はシステムは変わると思うんですね。だから、それに対して保護者は一緒に教師と手を組んでやれるようなそういう批判ではなく、応援というのかという事ですね。自分がもし相手の立場になったらどうするだろうか、どこまで出来るだろうかという視点を常に持ちながら、相手に対して意見を言う、そういう関係性が出来たら僕は先生と保護者の方は手を繋げるかなと思ったりもしたんですけど。まあ、そんなよ

うな事もやっていきたいですね。

　それからもう一方で当時附属の小学校の授業を学生たちと見て行く中で、今の総合学習みたいな事を先駆的にやってたんですね。低学年で生活科の走りみたいな事を色んな体験学習なんか地域に出てやったりして、附属の小学校だから公立と違って結構自由にやれる部分があって、今の学校の中で子どもたちがのびのびとやれる学習と相談と歴史研究といろいろごちゃごちゃやってる中で、自分の中で今日のテーマもね、「自ら学び、考える力」ってそういうことなんですけども、社会科に限らない、どんな教科に対しても子どもが自分でやって、そのテーマは面白いな、学びたいなと思わなかったら、自分のものにならないですよね。それは先程福永先生も言われたように、先生が面白がって、これ面白いんだよってやれば、絶対子どもはついていくし、子どもに伝わるんですけども、先生がこれは受験のためにやんなくちゃいけないとかね、これだけやらないといけないとかね。そういう風にやっちゃうとそうではない。そういう風に格好よく言ったって先生方は大変だと思うんで、上手くいかないとは思いますが、基本的にはそういう事だと思うんですね。先生自身も色んなテーマについて探求していく面白さを味わいながら、その面白さを生徒に伝える。生徒も影響を受けながら、自分でテーマを見つけて自ら考え、自ら学ぶ力をつける。そういう事が学習の中で出来てたら、僕はすごくいいだろうと思ってて、今日は社会科のテーマですけど、国語でも算数でも理科でも社会でも全部の教科、学習というからには全部言えるかなという風に思ってるんですね。前置きがちょっと長くなりましたが、少し限られた時間ですけども今日のこのテーマを少しお話をさせていただきます。

　今日の報告ですね、社会科の歴史とは何ぞやとか社会科とはいったい何をやる教科だっていう事から入らないで、まず学ぶ今の子どもたちは一体どうなんだろうか、今よく教育の方で言われるのは「学びからの逃走」という言い方をするんです。子どもたちは学ぶという事を拒否している。ただ受験であるとか、何々があるからというと尻を叩いてやりますけど、本当に子どもは学ぶ事を面白がって

戦後教育史の中の社会科　41

るのか、楽しがってるのかというとそうではない。学びからの逃走とよく言われてて、その学びからの逃走がもしそうならば、その中で社会科の歴史の勉強をしなくてはいけないとか、〜をしなくてはいけないとか言っても子どもにとっては生きる力にも何にもならない。今の子どもたちはどういう状況なのかという所から入りまして、そういう中で戦後の教育の歴史の大雑把な流れ、特に学習指導要領の流れですね、学習指導要領とは文部科学省のいわゆる政策ですので、学習指導要領がすべて正しいとは思いませんけども、学習指導要領の流れの中で日本の戦後の歴史のトピックがあると思いますので、大雑把に見ていきながら、その中で今現在社会科教育・歴史教育はどうなのかなという風に思って。そして最後に、今日は時間がないので省略しようかなと思うのですけど、私の大学でのささやかな授業での紹介をちょっとだけしようかなと思ってます。同じパワーポイントの資料がお手元にありますので、後で見ていただければいいかなと思います。

　今の子どもたちと学校はというと、色んな事件とか、色んな事があるので、どれを取り上げたらいいのかなとなかなか難しいんですけども、3つあげてみました。去年の6月、ご存知だと思いますけど、長崎の本当に悲しい事件でした。次に新聞記事がございますけども、6年生の女の子が、これはお父さんが毎日新聞の、という事がありました。これについては本当になかなか今でも私にもよく分かりません。どうしてそうなってしまったのか、色んな人が色々解説してますけど、非常に難しいなと。こうじゃないかって言うのは簡単だけど、本当にそうなのかなかなか分からなくて、ただそういう事件があったと象徴されるように、小学生の女の子同士でしたけど、そういう問題があるというのはすごくありますし、今日は社会科・歴史というと中学生・高校生の年齢層かなと思ったので、特に高校生の年齢層、17歳、でもこれは2人とも高校には行ってなかったんですけども、17歳の少年の事件がちょっと続いてますよね。そういう年齢の子どもたちですね、辛いとか、もちろんこういう事件はいけないですし、してはいけないんですけどね。大阪の亡くなられた先生は本当にお気の毒ですし、本当に素晴らしい先生だ

ったようですけど、本当に痛ましいんですけども、この少年もどこまでかは分からないけど、小学生時代にいじめを受けていたとか言ってましたね。それもどの程度かは分からないんだけど、何か自分が小学校の時に何かがあった、だから小学校へいったという事ですよね。それはやはり17歳になるまで引きずってたという事があたってるんだろうと思うんですね。それから下のそれも無職少年で、誰でも良かったみたいな事を言ってる。そういう者たちの心の中とか、そういう状況というのが今、これは本当に衝撃的な事件をあげたので、もう一方で明るいニュースもあると思います。あると思いますけど、少しそういう問題の方に絞っていきたいと思います。これも新聞記事を載せました。進学しようという事で、大検も受かって、お母さんも本当に勉強やってて、大学進学をめざしているので良いんだと言う事を言ってたんですね。だからお母さんも辛いんだなと思いました。

　今の象徴的な事件を取り上げましたけども、今の子どもたちの戦後ですね、戦後60年ぐらいになりますけども、流れというとこれよく言われるんですけども、第一の非行、第二の非行、第三の非行と言う子どもの問題行動について、三つの非行の時期といわれている。第一の非行は戦後すぐの貧しい時代ですから盗みをしたり、そういう貧困型の非行と言われたり、第二は60年代、高度経済成長の時期の遊び型の非行と言われたり、第三の70年代から90年代はいじめ・不登校・校内暴力がガーンと増えて来た時期、おそらく攻撃型の非行と3つの非行と言われたりしています。70年というのは、次の表が便利かなと思いますが、これは藤田英典さんという方が岩波新書に「教育改革」という本を書かれてて、戦後の一覧表ですね。一番右が1990年なんでちょっと15年くらい前の図なので古いですが、70年の所に波線が入ってますよね。下の方の点線が第一のピーク・第二のピーク・第三のピークと、これは刑法犯、警察につかまった少年の山なんですけども、戦後の50年が大きいですね。これは貧困型非行と言われてて、60年代に第二の山で、これは遊び型非行と、第三のピークが80年代と言われてま

す。今がまたちょっと非行というか校内暴力が増えてる、多分最近のデータだと第四のピークにもいってるのかなという気がします。そういう子どもたちがあって、これに60年代から70年代の転換期が1つ大きいのかなという気が致します。高度経済成長の60年代の10年間と言うのは、日本の経済が大きく変わり、地域社会が破壊され、学校教育は受験戦争に突入していく10年間、それで高校進学率が真ん中辺にありますが、70年代に9割ぐらいの子が行くようになります。50年代ですとまだ5割ですから、中学を卒業して就職する子どもさんも結構いたわけですよ。就職する組は全然それで良いと、でも進学する組はそれぞれの行き方を考えていく時期があるんですけども、70年代になるとほとんど高校に行くわけです。今はもう100％近いですよね。高校入試っていうのはすごく70年代以降、中学生の中にストレスがあって、先生方も高校に入れなくちゃいけないというのがすごくあって、それがやっぱり中学校を大きく変えていった1つの要因かなという気がするんです。それで校内暴力とか対教師暴力というのは、教師を殴ると言いますね。それからいじめの問題。これはあの内面にずっとあって、外に現われないと弱い生徒をいじめたり、ターゲットにするとかになったりですね。それから一方でそういう心のストレスで、学校に行きたくないとか、今いじめも絡んで学校に行きたくないと不登校現象が出てくる。70年代、80年代とはいろいろな問題が出てきた時期かなという風に思います。

　先程の高岡市の高陵中学校の探求的な学びをこの図に当てはめるとどうなのかな。厳密にいう事は出来ないんですけど、60年代かなり色々やられていて、70年代以降になると受験とか色々あって、少しペースがダウンしたと言われていたので、高陵中学校の場合も高校入試とか社会的な状況がもしかすると絡んでくるのかなと思って聞いてました。そういう中で受験学力とか、競争原理、そこで学ぶ事、知識は古いけども試験が終わると忘れちゃうとか、学力の剥落現象など自分のものになっていないような知識の蓄積とか、本当の学びにどのような学びを求められているのかが今本当に問われているだろうと言う風に思うんです。先程

福永先生が状況的学習論と言われてて、自分が共同体に参加しながら学んでいくという事は今すごく大事で、たぶん総合学習もある活動を共通にしますからね、そこで色んな関係性や子どもの多様な活動が増える。また異年齢で言うと、上の学年がある発表会を下の学年にする。先輩から色んな事を学び、自分たちも来年あんな事をしてみたいという世代間の形状サイクルが出来る。学びの共同体が多分高陵中学校にはあったのじゃないか。グループを見ますと、異年齢ですよね。クラブですから1年から3年までいるでしょ。先輩が後輩に教えるわけですよ。そこから後輩はあんな風にやれば調べられるんだと、面白いなと思うんですよ。それで異年齢集団、縦の異学年が出来てて、そういう学びの共同体が高陵中学校には当時出来てて、それを先生が上手くコーディネートしていたんだと思います。そういう中で、あれだけの深い、またあれだけの事を人に言われても出来ないので、自分が調べて面白いそういう体験を先生もそうだし、生徒さんもそうなのかなと聞いてました。
　これが先程言ってた刑法犯の表ですが、これは図が小さくて申し訳ないのですが、校内暴力といじめの発生件数、不登校児童等の資料です。それからこの図なんですが、中央教育審議会、中教審という文部科学大臣の審問機関があって、中央教育審議会、中教審と言うのは日本の教育のある意味大元を考える審議会なんですけれども、その中教審の第一次答申というのが1996年にありまして、その中で子供たちの自然体験・生活体験が減っていると。これよく言われることなんですけども、一番上の「高さ1000メートル以上の山に歩いて登ったこと」が経験した事がないと回答した数ですね、上の黒い棒グラフは大分前で申し訳ないですが平成7年のもの、それから灰色のものがそれから約10年前の昭和59年ですね。ですから、10年近いスパンで見ると、経験した事が無いという回答者が増えてるわけですね。ただ「スキーをした事」っていうのは経験者が増えてるんですが、大体が経験がない。これについてよく言われることは、子どもたちが室内ゲーム、習い事を習ってるだとか、例えば私なんかだと小学校の放課後とかは

地域の少年と空き地で野球ばっかりやってましたよね。ただいまは空き地なんか無いと住宅が建ったりとか、車が増えて危ないから気をつけなさいなど、地域環境が子どもたちが遊べるような場が減っていった。それから子どもたちが放課後一緒に遊べる時間が無い。遊ぼうと思ったら、今日習い事があるから駄目など、子ども同士が一緒に約束して遊べるような子どもを取り巻く状況が減ってきている。学校が土曜日休みになって5日制になったというのは、保護者のアンケートによるとかなり批判・反対がPTAの中で多いようです。土曜日を何故休みにしたのかというと、そこで土曜日1日を使っていろいろな体験・経験を子どもたちに是非して欲しい。それは学校という場でやってもいいし、地域・家庭でもいいので有効に使う。そこで色々経験した事をまた学校に返していくという事があったと思うんですけども、土曜日の使い方がなかなか難しい。親御さんも土曜日仕事のある方もいらっしゃいますし、全部の親御さんが休みとも限らないので、その辺が上手くいってない部分もあるかなと思います。あと学力が低下するからいけない、もっと授業数を増やせと言われてたりもしています。それでもやはり自然体験や生活体験が子どもたちから減ってきていると言う事はあるのかなと思います。

　話がぽんと飛んでしまいまして、"戦後教育の歩み―学習指導要領の変遷"の所にいってしまうんですが、社会科と言うのは戦後初めて出来た教科ですが、戦後初期の日本の教育と言うのは経験主義教育という、戦前の日本の教育がいわゆる軍国主義といいますか、天皇制を中心とした教育というのが行なわれてまして、それから日本がファシズム教育になって戦争に突入してしまったという深い反省から、戦後は、平和憲法、日本国憲法、それから教育基本法で教育の民主主義というものを重視しようと。それから色んな経験を子どもたちがする事によって、経験から学ぼうというな事を考えて経験主義の教育、社会科と言うものを新設する、自由研究というものを設置するとか、非常にリベラルな戦後初期の日本と言うのはそういうことであったのかなと思います。それが戦後の教育の中でよく言

われる、それまで学習指導要領というのは試案という風に言われてて、義務は無かったんですけども、58年には「告示」と言う形で法的な拘束力があって、それをちゃんとしなきゃいけないと言うのに変わっていくんです。その中で知識重視・管理強化・経験主義から系統主義へという風に変わっていくんですね。戦後の学習指導要領というのは10年毎のスパンで変わっていきますけども、58年の次は68年、68年というのはちょうど高度経済成長がありましたね。子どもたちへ受験学力が加わっていく時期、受験競争が厳しくなっていくその頃ですけども、そこでやっぱり教育内容がボンと増えていく。教科書が非常に厚かったという風にありましたけども、教科書が厚いという事は僕は良いと思うんです。色んな資料が教科書の中に入っている方が面白いですから。それをですね、子どもたちが教科書を1つの資料として活用できれば良いと思うんだけど、厚い中身を全部覚えろとなると子どもはパンクしてしまいます。その辺の教科書のあり方みたいな事もあるのかなと思うんです。68年にそうなりまして、70年の時に波線がありましたけれども、70年代・80年代の特徴・背景っていうのはちょっとそこにも書きましたけども、産業化・都市化・高学歴化の傾向ですね。公害問題とか資源問題、いわゆる工場の公害問題も結構いろいろ出てくる。それから資源、石油ショックの事とか色んな問題が出て来て、で高度経済成長というのがバブルが崩壊するってありましたけども、転換迫られて、学校教育でも色んな問題が出てきて、家庭内暴力とか非行そういう物が70年代から80年代に色々噴出してくる時期だろうと思うんですね。そういう状況の中で一方で受験という柱があって、それでそれを先生方は生活指導にツッパリの子どもたちをどういう風にフォローするのかという風にやりながら、もう一方では受験対策をやっていく。今でもそうかもしれませんが、先生方はすごい大変だった時期でした。

　そういう中でどういう風に教育を変えていったらいいのかという事が課題になってくると思うんですね。それで今の教育をめぐるテーマというのは、先程も子どもが本当に面白いなと思って学ぶとか、先生も面白いなと思って先生自身も楽

しんでやるという事は、やっぱり自ら学び、自ら考える力とか、探求する力とか、先程の高陵中学校の場合には調べる力とか調査・探求する力、それを皆でディスカッションして、レポートにまとめて発表する力、そういう力というのが、総合的な力ですよね。そういう物がやっぱりこれからの日本の社会では必要だろうと、これから21世紀の教育でも色んな国の人たちがいますよね、その中で日本人が社会人となって社会の中で生きていく時に、不況ですごく経済的に大変だと、色んな会社が大変ですよね。会社に勤めた時に自分の会社をどんな風に立て直したらいいかと、会社の経営課題を総合的に考える力というのは、すごい高度なわけですよ。1つの歯車としてやるのは簡単だけど、そうではなく全部について自分なりに考えて、ベンチャー企業とかよく若い人がいますけど、自分でそういうのを起こそうという事は非常に面白いけど、大変ですよね。でも、そういう風に総合的に考える力というのは、自分の頭で考える力っていうのですかね、そういう事がすごく大事かなと思うんです。そういう力が今文部科学省も言ってるんですけど、文部科学省が言ってるから良いという人と文部科学省が言ってるからやだと言ってる人がいるかもしれないんですが、誰が言おうとこういう力は僕は大事かなと思います。その1つの転換が77年の学習指導要領だったろうと思うんです。その時は自ら考え学ぶ力というのははっきり言ってなくて、1998年のこの時に言い始めましたけど、総合もそうです。77年の改訂の時には"ゆとり"という事は言いました。"ゆとり教育"、つまり60年代・70年代に色んな問題が出て来た時にやっぱり1つの原因はいじめ・不登校が増加したという事があるし、それから受験戦争が、受験競争が子どもたちの内面をそういう風にしてしまったという反省が文部省・国の方にもあったわけですね。それで詰め込み的なことじゃない、受験戦争・競争を中心にしない、もっと子どもたちに精神的にゆとりを持てるような教育にしようという転換が77年だったんですね。その流れを受けて89年・98年になって、2002年とこういう風に変わってくるんですね。ゆとり教育って言うのはまた学力論争があって難しいんですけども、ゆとり教育とい

うのは時間を与えるから勝手に自由にやりなさいというゆとりではいけないと思うんですね。そうではなくて、勝手にやりなさいといっても生徒は何をしていいのか分かんないんですよね。先生が本当に生徒の今の状況を掴んでですね、どういう風にしたら生徒が自分で考えるようになるだろうかという事を一緒に考えるような、ゆとりが放任教育になってしまってはまずいと思うんです。それがですね、ゆとりが学力低下になったというのは、もしかするとゆとり教育が放任教育になってしまったという事で子どもの方も遊んでしまう。だから僕はゆとり教育の趣旨というのはそれまで受身で受験のためだけにやった教育というのを解き放って、自分で考えるような時間と空間を作るという趣旨であったと思うので、そこの所はいまいち先生方の中にもはっきり伝わっていないと思います。

　先生方の中には総合は一体何をしていいのか分からない。教科書もありませんね、テーマも決まってません、それぞれの学校で考えればいい。じゃあどうしたらいいだろう？先生方がすごく悩んだけれども、先生方が良かったのは今までは教科は教科書があったからそれをやってれば済んだけれども、そうはいかない。まずテーマをどうしようか、資料をどうしようか、先生も右往左往しながら子どもと一緒に考える。そうすると先生が勝手に知ってて、生徒は知らないから教えてればよかったものから、一緒に共同作業が出来るようになる。そうすると先生も発見があるし、もちろん子どもからも学ぶ。対等の関係が出来てきて、お互いに共同の学び手といいますか、先程の共同体の話ではないですが、いっせいに活動に参加する中で、お互いに学び合えるような共同体が総合学習の中には出来る可能性が出来たと思うんですね。ですから先生方の感想を見ますと、"本当に最初は何をやっていいのか分からなかったが、やっていく中ですごく面白くなってきた"と、"子どもと一緒になって調べていくと自分も色んな発見があった"と、"今までは教師として教科書を使ってれば良かったが、そうは済まない。済まないけども、もっと高度な力が要求される"と総合がかなりやれてる先生と、もう一方では総合は分からないから他の授業に振り変えちゃうとか、適当に手抜きに

やっちゃうという総合もあるでしょう。総合の中で求められたのはそうではない。そういう探求する力、自ら学び考える力という事だろうと思うんです。この総合に社会科が、例えば上手くリンクすれば、確かに教科の時間数が減りましたからね、ある地域の場合には、総合のテーマを地域の歴史にすればいいわけですね。それを社会科の授業時間と総合の時間を両方ドッキングして、本当に深く学ぶという事は僕は出来るだろうと思うんですね。だから総合的な学習の時間というのは、今議論になっていますけど、もう一度全部止めてしまって、教科の時間に戻すのではなくて、今までの成果をどこまでやれるのかという事を見ていかなければならないと思います。

　社会科の原点ですけども、先程の戦後の学習指導要領の一番最初の中で、こんな風に書かれてました。「従来の我が国の教育、特に修身や歴史、地理などの教授において見られた大きな欠点は、事実や、また事実と事実のつながりなどを、正しくとらえようとする青少年自身の考え方、あるいは考える力を尊重せず、他人の見解をそのまま受け取らせようとした事である。」つまり戦前の社会科というのは、社会科は戦前なかったですけども、戦前の学習というのは自分の頭で考えるという事はなかなか出来なかったというか、またあることを言えば潰されたとかそんな事があったんですね。やっぱり色んな意見を自由に戦わせるそういう雰囲気というものが学校なり、教室にあるべきではないかなと。それで戦後初期から飛びますけど、今の学習指導要領ですね、それを高校のを見ますと「総則」というのがあって、「生きる力」、それから「自ら学び、自ら考える力の育成」これも小学校・中学校、全部「総則」で出てきます。ですから、これは学習指導要領が言ってるからそうしなくちゃいけないという事ではなくて、こういう力というのはやはり社会では求められてるんだろうと思うんです。それで「総合的な学習の時間」については、「自ら課題を見つけ、自ら学び、自ら考え、主体的に判断し、よりよく問題を解決する資質や能力を育てる」とか、「学び方やものの考え方を身につけ、問題の解決や探求活動に主体的・創造的に取り組む態度を育て、

自己のあり方・生き方を考える事が出来るようにする」と、こういう説明があるんですけど、これは高校も中学校も小学校も全部「総則」に書いてありますね。ですから、こういうような自分で考える力というものが、学校の中ではすごく大事だと言われてる。これは学校だけではなく、地域でもそうですよね。地域社会の中でも、大人社会でも、ついつい地域の慣習といいますか、慣習といっても良い慣習もあるとは思いますが、強いものには巻かれちゃうとか、そうではなく自分で批判的な精神を持って考えるというのが大事かなというふうに思います。それで指導要領の社会科の部分をちょっと抜き出したのですが、いちいち読みませんが、世界史A、世界史B、歴史的な思考力とか、主体的に生きる日本人としての自覚とかそのような事が書かれていたり、中学校で言いますと、社会に関する関心を高め、多面的・多角的に考察し、公民としての基礎的教養を培い、国際社会に生きる民主的、平和的な国家・社会の形成者とか、歴史的分野ではそちらに書いてあるような事ですとか、小学校で言いますと、そのような事（資料参考）を言ってますね。ですから今の社会科の指導要領がこうなったのかというと、本当は歴史をご紹介しなくちゃいけないんですが、途中飛ばして、今現在だけにしてしまってるんですが、基本的には子どもたちが自分の頭で今の社会事情・歴史事情を考える、地域の歴史課題を考えるという事が基本的だと思うんですね。その時に色んな問題にぶつかった時に、先生としてある正しい答えを言うのではなく、自分はこう考える、その根拠はこういう資料に基づいてこう考えるんだと生徒に、子どもに言えばいいとおもいます。そうすると、子どもはその先生に絶対的な信頼があれば、先生が絶対正しいという事になりますが、先生が言うから正しいという事ではなくて、その先生が意見する歴史的事実・資料、それを検証する事を通して"なるほど"という事を生徒が自分で考える、子どもが自分で考えるそのような学習が出来ないだろうかと思うんですね。ここにいくつか新聞記事を載せました。今ホットなテーマですよね。戦前の日本の歴史教科書の問題とか、本当にたくさん今あって、中国との問題でも小泉さんの靖国神社参拝など色んな

事がありますけども、日本と中国の研究者が共同で研究するんだという体制を作ろうとして、それ自体はすごく良い事だろうと思うんですけど、その時に本当にお互いの立場というものを理解しながら、歴史的事実をどう見ていくのかという事がすごく大事になるのではないかなと思います。ですから、一番最初に校則の事で学校を批判するのは外から言うのは簡単だと、実際中にいる先生はどうしたらいいか悩んでるかもしれないと言いましたけども、日本と中国・韓国の問題にしても、それぞれの国民レベルといいますか、そこでどのように考えているかという事を考えていく時に、政治家のレベルでそういう交渉をするという事もあるでしょうが、民間のレベルで、学校の先生同士で、また子どもたち同士でもいいと思うんですよ。色んな層でそれぞれの国の歴史というものをお互いにインターネットや色んな形で繋がりをつけていく事によって、もっと色んなレベルでの議論が出来るだろうと。それを国の政治家レベルだけでやりますと、国というふうになります、なかなかその辺がむしろ政治を変えるのは国民ですので、市民の交流は僕はすごく大事だと思うし、その核を作るのはやはり学校の中で、子どもたちが自由に色んな資料を自分で調べるという事だなと思います。

　それから学力の話が出ましたけども、OECDの調査、去年の12月に出て学力は落ちたというふうに出た時に、文部科学大臣はこれは大変だと、全国一斉テストをして、競争させなくちゃいけない、尻を叩こうといいました。あれの認識は全く間違ってるんですね。つまりOECDのこの調査というのは、知識の量を聞いてるテストではないんですね。中身は何かというと、色んな資料を自分で組み合わせて考える総合的な力を聞いてる試験問題なんです。自ら考える力を問うて、それを国際的にやってるんですね。フィンランドが一番トップになっています。何故フィンランドがトップになったかというと、フィンランドの教育というのは少人数という事もありますけど、探求的な学びを国として、お金をかけてやってるんですね。であそこの先生というのは全て修士課程卒業です。大学院卒ですね。大学院まで学部4年間と2年間専門的にやって、教師になっている。そういう教

育に対して、それだけのお金もかけて、その探求的な知識の一方通行ではなく、そういう学習を子どもたちはしてるんですね。だからそういう学力というか、学ぶ力を日本ではつけなくちゃいけない。それにはどうしたらいいかというと、まず少人数学級でしょう。先生方の負担が大変ですから、お金をもっと教師に使って、本当に探求的な学びができる方法を考えていく。そういう事をしなくちゃいけないのに、全国一斉テストして、尻を叩いてやろうという発想は全く間違ってるんですけど、それはOECDの資料をよく読めば分かるので、今色んな教育雑誌でOECDの調査はそんな事聞いてるんではないんだよ、子どもの学ぶ力を聞いてるんだという事をいろいろ言ってますから、文部大臣も勉強してると期待しています。

　歴史教育の可能性をさぐると書きましたけども、ここだけちょっと読みますね。「小学校・中学校・高校で社会科及び『総合的な学習の時間』を使って、現代社会の諸問題や地域の歴史を掘り起こす調査―探求型の授業」が良いだろうと。これはむしろ今日いらっしゃってる中で、先生がいらっしゃれば多分そういう地道な取り組みをやってらっしゃる方もいるのかなと思いまして、むしろそういう話の実践を私が今日聞かせていただければありがたいなと思っていたんですけれども。例えば、修学旅行で広島と沖縄に行く学校とかありますよね。その時に前もっていろいろ調べておいて、広島ですと原爆の事とか、戦争の事とか、沖縄でもそうですね。そのような事を生徒たちは調べて、日本の戦前のそういう問題を調べながら、修学旅行に行くというのが総合学習にも絡めてあるかなと思いますし、社会科の学習・歴史の学習にもなるかなと思います。そのような事が福井でも行なわれているのじゃないかなと思います。私の教育実践の紹介は省略いたします。「窓ぎわのトットちゃん」というトモエ学園の本がありますよね。あれをテキストに使って、学生と日本の戦前のトモエ学園って言うんですけど。これは先程三国の自発教育ですね。面白い学校でした。それからトットちゃん。これは昭和12年、戦争中ですね。私立の小さな学校でしたけども、面白い学校でした。学

校の中で色んな事をやった校長さん、小林宗作さんと言います。

　終わりに社会科教育・歴史教育の課題は、自らの生き方・考え方を大事にして、歴史事象をとらえる事。今という現在と、歴史上のある時点の営みを関係付ける視点、調査・探求活動―フィールドワークの重要性。これは先程の高陵中学校と全く同じです。過去と現在の双方向を通して、未来の方向性を考える事、これらを通して「自ら学び、考える力」の育成をめざすという事が出来たらいいのかなという風に思います。早口ですいませんが、以上で終わります。ありがとうございました。

外岡　ありがとうございました。大分時間の関係ではしょられた所、大分言葉を残された所があると思いますので、そこはパネルディスカッションの中で補足していただきたいと思います。それでは会場の準備がございますので、4時10分まで休憩を取りまして、4時10分からパネルディスカッションを開始したいと思います。よろしくお願いします。

社会科教育・歴史教育の未来像―「自ら学び考える力」の育成―

地方史研究協議会第56回敦賀大会
福井大学　森透
2005.05.21　於・敦賀短期大学

報告の構成

1、いまの子どもたちと学校は
2、戦後の子どもたちの変化
3、戦後教育の歩み―学習指導要領の変遷
4、いまの社会科教育・歴史教育は
5、私の教育実践―大学での授業紹介

1、今の子どもたちと学校は

- 長崎県・佐世保事件（小6女児・平成16年6月1日）→子どもたちの心の闇・葛藤
- 大阪府寝屋川市・教職員殺傷事件(17歳無職少年・平成17年2月14日)
- 大阪府東大阪市・公園で幼稚園児(4歳)をハンマーで殴打・殺人未遂(17歳無職少年・平成17年4月21日)
- →子ども達の心の中はどうなのか。小学生・中学生・高校生の現在は。子どもと学校・家庭・地域の関係は。ストレス・非行・いじめ・不登校など。

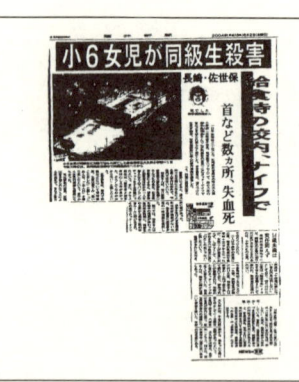

戦後教育史の中の社会科　55

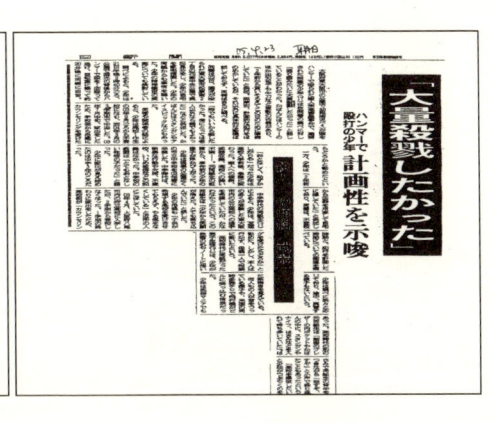

2、戦後の子どもたちの変化

- 戦後の歴史の中で、3つの非行の時期。
  → 第1の非行(戦後すぐの「貧困型」)、第2の非行(60年代「遊び型」)、第3の非行(70-80年代「攻撃型」)
- 70-80年代から「いじめ」「不登校」の増加。
- 受験学力・競争主義から本当の学力へ
- → どのような「学び」が求められているのか。

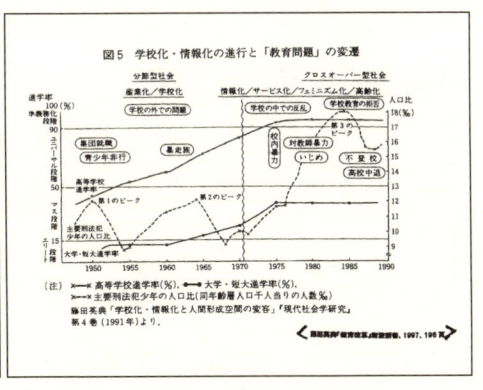

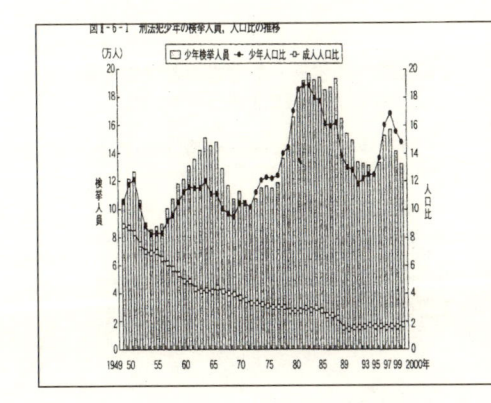

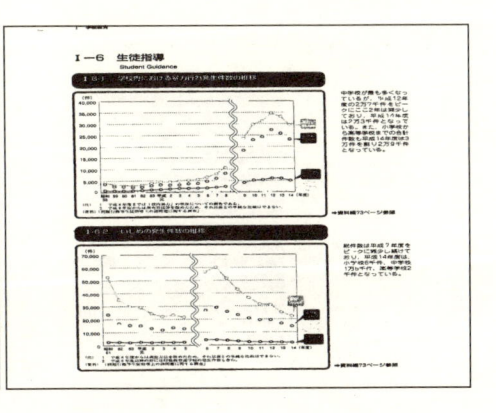

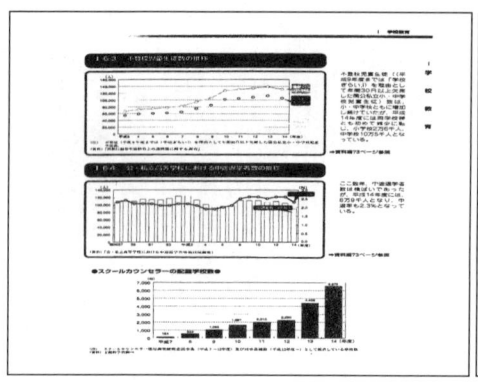

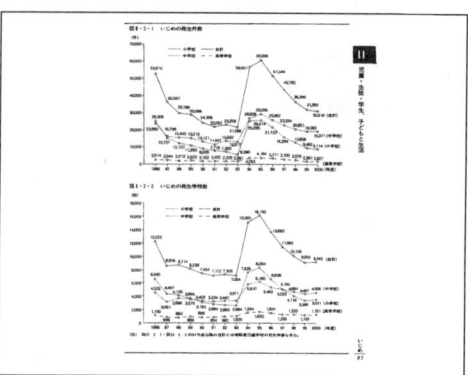

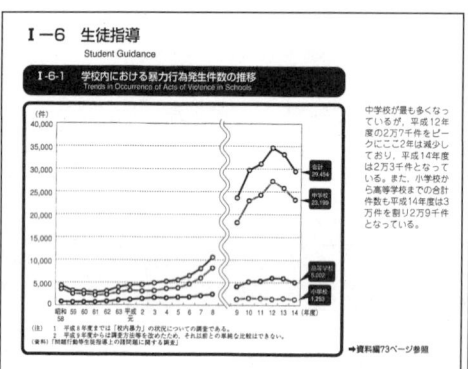

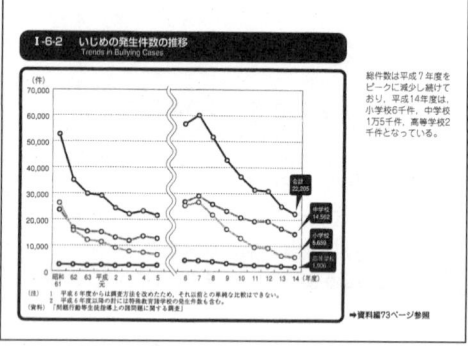

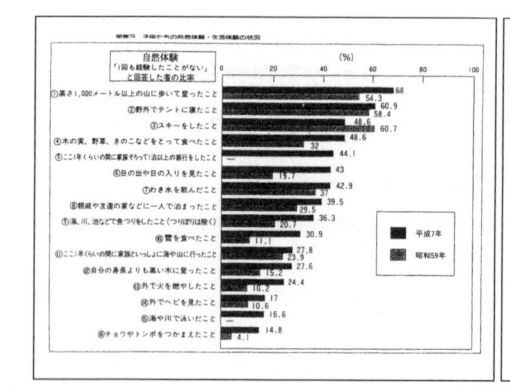

3、戦後教育の歩み―学習指導要領の変遷
①＜戦後初期の経験主義と50・60年代＞

- 1947年「一般編(試案)」発行→経験主義・社会科の新設・自由研究の設置・男女共修の家庭科新設。
- 1951年「一般編(試案)」全面改訂
- 1958年全面改訂「告示」→知識重視・管理強化・経験主義から系統主義へ。
- 1968年小学校全面改定「告示」→数学・理科で教育内容の現代化、教育内容増加、落ちこぼれ、偏差値、非行(1969年中学校・1970年高校改訂)

戦後教育史の中の社会科　57

I-6-3　不登校児童生徒数の推移
Trends in Number of Students Who Refuse to Attend Schools

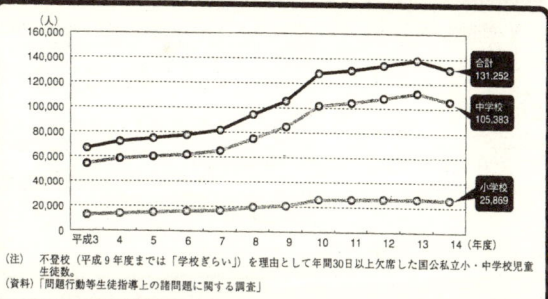

合計 131,252
中学校 105,383
小学校 25,869

(注)　不登校(平成9年度までは「学校ぎらい」)を理由として年間30日以上欠席した国公私立小・中学校児童生徒数。
(資料)　「問題行動等生徒指導上の諸問題に関する調査」

不登校児童生徒((平成9年度までは「学校ぎらい」)を理由として年間30日以上欠席した国公私立小・中学校児童生徒)数は、小・中学校ともに増加し続けていたが、平成14年度には両学校種とも初めて減少に転じ、小学校2万6千人、中学校10万5千人となっている。

➡資料編73ページ参照

I-6-4　公・私立高等学校における中途退学者数の推移
Trends in Number of Upper Secondary School Dropouts

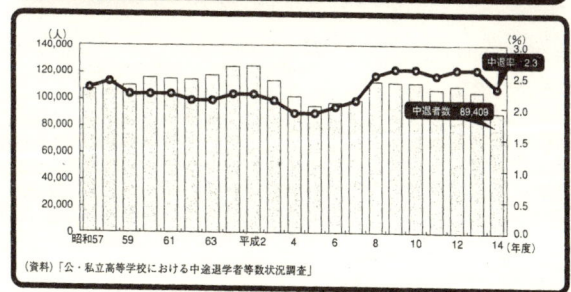

中退率 2.3
中退者数 89,409

(資料)　「公・私立高等学校における中途退学者等数状況調査」

ここ数年、中途退学者数は横ばいであったが、平成14年度には、8万9千人となり、中退率も2.3%となっている。

➡資料編73ページ参照

●スクールカウンセラーの配置学校数●

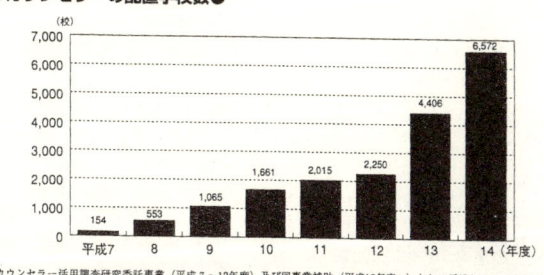

年度	平成7	8	9	10	11	12	13	14
校	154	553	1,065	1,661	2,015	2,250	4,406	6,572

(注)　スクールカウンセラー活用調査研究委託事業(平成7～12年度)及び同事業補助(平成13年度～)として派遣している学校数。
(資料)　文部科学省調べ

学習指導要領の変遷②
<70・80年代の特徴と背景>

- 70・80年代→産業化・都市化・高学歴化の傾向。公害問題・資源問題・石油ショック・貿易摩擦問題などを通して、これまでの高度成長は転換を迫られた。学校教育でも校内暴力・いじめ・自殺・登校拒否などの問題が多発した。また、家庭内暴力や非行も深刻化するなど、学校のほか、家庭や地域の教育力も問題になった。

戦後の学習指導要領の変遷③
<「自ら学び考える力」「探究する力」の育成>

- 1977年小・中学校全面改訂「告示」→教育内容の精選・削減・「ゆとり」時間創設。(1978年高校改訂)
- 1989年小・中・高校改訂「告示」→生活科導入、中学・選択教科拡大、習熟度別学級編成導入、高校の科目を多様化。
- 1998年小・中学校改訂「告示」→教育内容の厳選、「自ら学び考える力」の育成、「総合的な学習の時間」導入(1999年高校改訂)
- 2002年4月小・中学校「新学習指導要領」実施(完全学校五日制、教育内容厳選、「総合的な学習の時間」)(2003年4月高校実施)

4、いまの社会科教育・歴史教育は― 戦後の原点

- 1947年『学習指導要領社会科編Ⅰ』より。
 「従来のわが国の教育、特に修身や歴史、地理などの教授においてみられた大きな欠点は、事実や、また事実と事実のつながりなどを、正しくとらえようとする青少年自身の考え方、あるいは考える力を尊重せず、他人の見解をそのまま受けとらせようとしたことである。」

高等学校・学習指導要領(1999年3月)

- 「総則」で、「生きる力」と「自ら学び自ら考える力の育成」の強調→小・中学校も同じ。
- また、「総合的な学習の時間」について、「自ら課題を見付け、自ら学び、自ら考え、主体的に判断し、よりよく問題を解決する資質や能力を育てる」、「学び方やものの考え方を身に付け、問題の解決や探究活動に主体的・創造的に取り組む態度を育て、自己の在り方生き方を考えることができるようにする」→小・中学校も同じ。

高等学校・学習指導要領(1999年3月)

<世界史A>近現代史を中心とする世界の歴史を、我が国の歴史と関連付けながら理解させ、人類の課題を多角的に考察させることによって、歴史的思考力を培い、国際社会に主体的に生きる日本人としての自覚と資質を養う。
<世界史B>世界の歴史の大きな枠組みと流れを、我が国の歴史と関連付けて理解させ、文化の多様性と現代世界の特質を広い視野から考察させることによって、歴史的思考力を培い、国際社会に主体的に生きる日本人としての自覚と資質を養う。

中学校・学習指導要領(1998年12月)

<社会・目標>広い視野に立って、社会に対する関心を高め、諸資料に基づいて多面的・多角的に考察し、我が国の国土と歴史に対する理解と愛情を深め、公民としての基礎的教養を培い、国際社会に生きる民主的、平和的な国家・社会の形成者として必要な公民的資質の基礎を養う。

戦後教育史の中の社会科　59

中学校・学習指導要領（1998年12月）

（歴史的分野）歴史的事象に対する関心を高め、我が国の歴史の大きな流れと各時代の特色を世界の歴史を背景に理解させ、それを通して我が国の文化と伝統の特色を広い視野に立って考えさせるとともに、我が国の歴史に対する愛情を深め、国民としての自覚を育てる。

小学校・学習指導要領（1998年12月）

＜社会＞社会生活についての理解を図り、我が国の国土と歴史に対する理解と愛情を育て、国際社会に生きる民主的、平和的な国家・社会の形成者として必要な公民的資質の基礎を養う。
（第6学年）国家・社会の発展に大きな働きをした先人の業績や優れた文化遺産について興味・関心と理解を深めるようにするとともに、我が国の歴史や伝統を大切にし、国を愛する心情を育てるようにする。

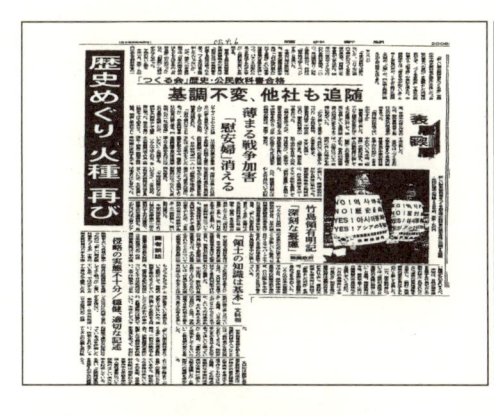

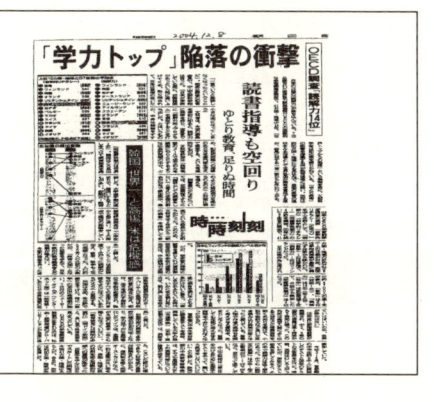

＜歴史教育の可能性をさぐる＞

小学校・中学校・高校で社会科及び「総合的な学習の時間」を使って、現代社会の諸問題や地域の歴史を掘り起こす調査一探究型の授業。→例えば、修学旅行で広島や沖縄に行く場合、原爆の悲惨さや戦争の残虐性について考える学習。福井空襲の聞き取り調査など、戦争と平和の問題を深く考える。→福井での具体的実践は？

5、私の教育実践の紹介

「教育の歴史から学ぶ」（共通教育・教育地域科学部1年生中心、他に工学部も含め約80名）
- →いまの学校や教育への問題意識や自らの教育体験を大切にする。
- →黒柳徹子さんの『窓ぎわのトットちゃん』を読む。戦前昭和期のトモエ学園の教育に触れる。

戦前の教育は

- 明治期→明治5年(1872年)「学制」。「教育は身を立てる財」＝立身出世。
- 近代の国民国家を形成するための義務教育。すべての子どもたちが小学校に通う。ただし、学校や教師の不足。
- 「一斉授業」の始まり＝明治期は、基本的に国家から、教師からの一方通行の教育。「教師主導」「教授定型」

大正期の教育は(1)

- 明治30年代から、教師による一方通行の知識教授のあり方、学校のあり方を問い直す動き
  →樋口勘次郎「活動主義」、谷本富「自学主義」
- 大正期に入り、世界的な新教育運動(1920年代)の流れも受けて、「子ども中心」の実践が日本にも生まれてくる。

戦後教育史の中の社会科　61

大正期の教育は(2)

- 子どもを中心とした発想、子どもの自発性・個性・自己活動などを大事にした学校や実践が生まれてくる。
  →①東京の私立小学校(成城小学校ほか)、②各県の師範学校附属小学校(福井師範学校・長野県師範学校ほか)、③公立小学校(三国尋常高等小学校ほか)。

福井県三国尋常高等小学校の「自発教育」実践

- 今の三国南小学校→「自発教育」の碑
- 校長・三好得恵の学習構想→落ちこぼれの子どもたちを救いたい。「自主学習」時間を毎日設定。子どもたちが教室(学習室)を選ぶ。
- 4つの自由(学習題材選択、学習方法建設、学習材料進展、学習資料蒐集の自由)

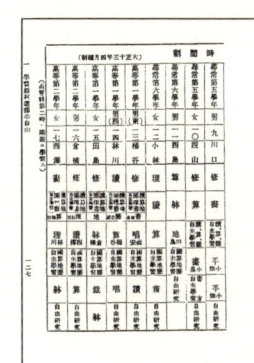

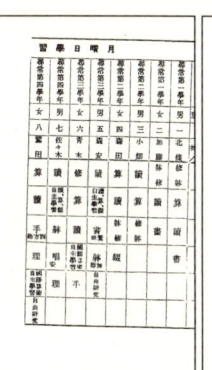

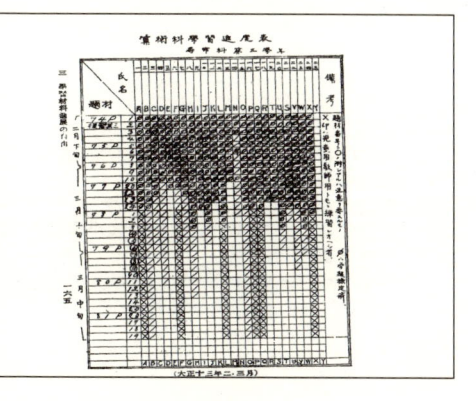

窓ぎわのトットちゃんの学校

- 黒柳徹子さんの通った私立小学校(トモエ学園)→昭和12年4月から昭和20年3月。
- 校長・小林宗作の子どもの見方→「きみは本当にいい子なんだよ」。じっくりトットちゃんの話しを聞く。
- 子どもたちの「自ら学び考える力」「問題を解決する力」「表現する力」などを伸ばしたい。

トモエ学園の特徴

- 昭和12(1937)年4月に小林宗作校長によって創設。小林校長は若い頃、成城学園や成蹊学園と教師として子ども達から学ぶ。
- 子どもの個性を全面的に受けとめる教育体制。少人数授業、教師の一方向ではなく双方向の学び。個別学習と学級学習の組み合わせ→今の双方向授業、個別と学級の学びに通じる。
- 障害児も学ぶ学校→今のインクルージョンの考え方に通じる。

学生たちの疑問

①卒業してから社会に通用するのか→旧制中学校に入れるのか（入学試験）。社会で「わがまま」にならないか。→今も小学校でいい実践をしていても中学校ではどうかという疑問の声が出る。同じ構造の問題。

②少人数教育は財政的に無理ではないか→今の日本では40人学級。欧米では20人学級が多い。財政的な裏づけ。

3つの実践を読む

- ①東京の私立小学校＝大正自由教育のメッカである成城小学校と月間雑誌『教育問題研究』
- ②総合学習の源流である「合科学習」を進めた奈良女子高等師範学校附属小学校と月刊雑誌『学習研究』
- ③子どもの「自発教育」を大事にした公立小学校＝福井県三国尋常高等小学校

おわりに

◎社会科教育・歴史教育の課題は？
→自らの生き方・考え方を大事にして、歴史事象をとらえること。いまという現在と、歴史上のある時点の営みを関係付ける視点。
◎調査・探究活動─フィールドワークの重要性。
→過去と現在の双方向を通して、未来の方向性を考えること。
→これらを通して「自ら学び考える力」の育成をめざす。

パネルディスカッション
「社会科教育・歴史教育の未来像
― "調べる"学習の大切さ―」

パネリスト
福永　信義
森　　　透
岡田　一司

司　会
龍谿　乗峰

龍谿　最初の福永先生の講演が長引いて、私はどうやって最初のコメントを言おうかなと思って困っておりましたら、森先生もまた上手く私が何も言わなくても良いように時間を調節していただいたので、私は何も申し上げないまま、もし時間が残りましたら何か意見を言わせていただこうと思います。

　今日パネリストにお越しいただきました岡田一司先生をご紹介致します。以前、丹生高校の社会科の先生を勤められまして、定年前に辞められた現在は福井県立大学の大学院で学んでおられる傍ら、教職課程の社会科教育法（公民科）の講師も勤められておられます。長年、社会科教育のリーダーとして、福井県のリーダーとしてご活躍をされておられました。お二方のご講演を聴かれ、またご自分の意見も交えてご紹介をしていただければと思います。岡田先生、よろしくお願いします。

岡田　こんにちは。ただ今ご紹介を受けました岡田です。実は私、1960年代の終わりから70年代にかけて、敦賀工業高校と敦賀高校に合計8，9年間勤務し

ておりました。先程、当時の担任をしていた現在50歳の方が新聞を見ておいでになって、非常に恥ずかしく思います。その人の前で教育の仕事の話をするのはとっても恥ずかしい限りで、ちょっと後悔をしております。

実は先程、高岡の中学校の社会科教育の実践をお聞きしましたが、私が教師に着く前の時代の事ですが、非常に羨ましく思いました。ただ福井にもあれほど組織だった事ではないと思いますが、至る所の私の学んだ中学校でも、或いは教職に就いてからそれぞれの高校でもそれほど組織だってはいませんでしたが、様々な調査学習を実践・報告しあう研究会等があった事は事実です。全体に今から思えば、高岡もそうだったと思いますが、教師自身が或いは教師の集団が非常に元気があった時代であったと思います。

1つは、戦争体験をされた先生たちが私たちの先輩にたくさんおられて、再びああいう時代に戻りたくない。主権者をきちんと育てて、民主主義の教育をやっていこうと、ニュアンスの違いはあれ、その事だけは一致して、自分で物事を考える・判断力のある子どもたちを育てよう。そういう点で社会科の教師たちは全体的にまとまっていたと思います。そういう時代であったと思います。従って60年代から70年代、80年代くらいまではかなり指導要領なんかが変化しましたが、それにもめげずそういうものが福井県内では行なわれたと思います。ただ中学校については全体的には分かりません。知人を通して、非常に優れた教育実践をされていた方も、調べ学習があった事も事実です。

現在、私は教職を離れていますので最新の情勢は分かりませんが、やはり基本的にはあまりにも忙しすぎるんではないかと思います。その多忙さが、教師の意欲を喪失させてしまっているのが事実だと思います。このシンポジウムに要請されまして、安請け合いをしてしまい、後で後悔をしていましたが、日が近づくにつれ、心配になって、元同僚たち2,3人を喫茶店に呼び出して、「今の状況について教えて」と話を聞きだしてきたんですが、やはり極めて多忙であると、先程市内のどこかは分かりませんけども、どこかの中学校の先生のアンケートの回答

がありましたが、全くあのような状況が高校でも起きていると思います。
　もう1つは触れられてませんでしたが、受験と言うのが教師に非常に重く圧し掛かっています。受験を含めて、部活動もそうですが、競争主義と言いますか、成果主義と言いますか、そういう所が重く圧し掛かっているのが事実です。その事が教師自身の、先程福永先生もおっしゃいましたが、自発性・意欲を喪失してしまっている。そういう部分が現実に認めざるを得ない所だと思います。現在でもそれぞれの社会科について言えば、私の知っている限りでは、色々な工夫をし、研究し合う、そういう仲間があるみたいですけども、以前と比べるとそういうサークルは少なくなってきてますし、それが集まって共同で研究するという事も無くなっているように思われます。そういう点では若干辞めてしまってから言うのもなんですが、暗たんたる状況ではないかと言う気持ちにならざるを得ないと現在は思っている所です。どこに切り開いていく切り口を見つけだすのかと言う事を思いますが、基本的には生徒の多様な能力を信用することだと思います。能力を持っているという事を確信するしかないのではないかなと現在は思っております。以上です。

龍谿　ありがとうございました。最後の言葉の"生徒の多様な能力を尊重する"とは、確かに今私たち、多様な能力に上手く対応できてない教育現場があるように思えます。何かズキッとくるような言葉だったと思います。
　フロアの方からご意見をお伺いしてから、またご講師のお二方の先生のご意見を伺おうと思うのですが、皆さん、ご三方の先生のお話を聞かれて、ご意見・ご質問・ご提案をいただければと思います。どなたからいきましょうか？では、本校の今年の卒業生の橋村くん。

聴衆A　本校を卒業いたしまして、今大阪経済法科大学の法学部に在籍して、教職課程を履修しています。社会科の歴史の授業で、1時間に1つのテーマでどの

ような形にするのか、それとも1つの教科書の単元を1つのテーマとして何時間かに分けてやる方がいいのでしょうか？岡田先生自身が高校の先生だった時に生徒に分かりやすくする為にどういう社会科の授業の工夫をされたのかについても教えて下さい。

龍谿　はい。岡田先生、お願いします。

岡田　十分にお答えできませんけども、基本的にはその単元があって10時間なら10時間でやるという計画がありますから、その中の今日何番目に相当すると。5時間目に相当すると大雑把な計画が頭の中にあります。そして、授業へ行く前の教材研究がありますから、今日はこことこことここ、全体の中のこことここという風に捉えてやっていきます。毎回毎回計ったように最初は前回の導入で、次は展開でまとめという風に機械的な事は毎日の日常ではしませんけども、基本的にはこういうスタイルでやっていきます。それはほとんどの先生方そうだろうと思います。それから日々の授業の工夫という事ですが、これは一言では中々難しくて、どの分野でどうしたかという具体的であれば、私の経験からはお話できますが。

聴衆A　例えば社会科の歴史の授業で"私はこういう教材を使って、太平洋戦争なら太平洋戦争をこう説明しました"とか"私はこういうOHPの映像を使って、縄文時代・弥生時代を説明しました。"というような事を聞きたかったのですが。

岡田　それはそれぞれの分野で、様々な教材を使ってやります。どの分野でどのような事をと今おっしゃられても、これはちょっとどこかでこれをどう教えたというのは、私の場合世界史に限っていただければいいと思いますけど、どうしたかと言われれば、答えられない事も無いですけど、ちょっと今ここでは中々難し

いと思います。

森 ちょっと関係してですけども、10時間単元と今言われましたね。例えばある社会科の単元で10時間の単元がある時に、10時間の時間を先生が全部の時間を講義して、生徒はただひたすら黒板を写し、全部覚えて、その後どのくらい覚えたかという事をテストすると言う社会科の授業を私はやりたくないですね。と言うのは、生徒がある単元についてのテーマがあると思うのですが、歴史でしたら、"ある時代の歴史像をつかむ"とか"そこでの権力者をつかむ"とか"民衆をつかむ"とか、そういうテーマについて感心を持つような授業と言うか、その為に10時間あるとすると最初の1,2時間は先生の方でその時代の全体図を何らかの形で提案する。或いは概略を説明する。その後の残りの3時間はその中から生徒たちが自分が興味あるテーマ、ある国のレベルでもいいですし、民衆の生活レベルでもいい、場合によればそこに出てくる子どもたちの様子でもいいですが、そういうテーマに基づいてその時代を調べる。先程の調査じゃないですけど、2,3時間かけて調べながら、そこでグループなり、個人なりまとめて発表するというような時間。残りの3,4時間はそれを受けて皆でディスカッションする。最後のまとめに、それを通して先生がその単元全体10時間の中で自分が考えてきた1つの構想と生徒がいろいろ調べた事をまとめて何らかのまとめをするとか、例えばそのような構成が10時間で出来ないかなとと思ったのですが、多分それをやると教科書が終わらないとか、受験があるから全部出来ないと壁があると思うんですが、やはりその辺の所は本当に歴史でも社会科でもともすると暗記科目と言われるんだけど、それを歴史でしたら、その時代に生きている人間ですよね。人間の歩みなわけですよ。その時代にどういう風に生きていたのかという事ですから、ある意味追体験できるような時間と方法を考えた方が僕は子どもにとっていいと思います。

　それからもう1つは、10時間単元を通す、じゃあ1年間通して、どんな単元構

成にしたらいいのかという年間のカリキュラム、1年間の中でどれとどれとどれを教えたらいいんだろうか、もちろん全部教えないと教科書が終わらないんだけど、1〜100まで全部教えようとなるとこれはもう知識を教授するになっちゃうので、1年間のカリキュラムの中で、この部分は本当に生徒たちに考えさせたいという、例えばそこでは徹底して時間を使って、調査・探求活動をしちゃうと。そこで生徒が自分で調べる力を身につけたら他の時代についてもその方法を使って自分で調べられるかもしれない。ですから、今までの発想ですと教科書を全部先生が喋って、教えてという事でしたが、その発想を転換していくような事も必要ではないかと言う風に思います。

　それから入試に関していえば、大学入試もそうですし、多分今色んな入試制度が変わりつつあって、センター入試の問題も色々工夫されて、まぁあれはマーク試験なんで仕方ない部分もあるんですけども、推薦入試とか小論文とかAO入試とか。入試問題そのものも、高校入試なんかも昔のような知識を問う問題ではなく、ある資料を提示して、読み取る力とか入試問題も今変わってきてると思うんですよ。だからその辺も含めて、入試があるから全部叩き込んで教えなきゃいけないという事ではなくて、取る側もどういう生徒を取りたいとかというと、ただ受身で学習してきた事を答えるだけではなく、創造的な自分の頭で考える生徒を取りたいというのは企業もそうでしょうし、大学なんかもあると思うし、高校もあるかなと思うんですね。取る側・先生側の発想も変わんなくちゃいけないと思いますけど、そのような事も必要なのかなと思います。

龍谿　ありがとうございました。非常に具体的な教科教育法のお話だったように思います。他にどなたかご意見・ご感想等ございませんか？

聴衆B　教えていただきたいんですけど、今日、社会科教育という事で、私の記憶で中学校・高校の社会科は歴史は覚えるだけで、政治経済は一応仕組みだけと

か教えていただけたと思いますし、倫理社会というのはよく分からなかったんですけど、そういう感じで社会は通ってきたんですけど、今の歴史が近いアジアの国とかで問題になってると思います。本当に歴史で教えていただく学校の教科書にどこまでの事実が載ってるかどうかというのは、その時は何とも思わなかったのですけど、今になって思うと本当にそうだったのかという事がだれもはっきり分からない事だと思うんですね。やはりその場にいた人でないと実は分からないから、多分そうであっただろうという事で後世の皆は作ってると思うんですけど、先生方、教える立場の方はその書いてある事が、これは明らかに違うなと思いつつもやはり教えられるという事があるんですかね？それに対してこの部分を避けて、先程言われたような教材にしなくて、じゃあこっちの事で子どもたち皆に考えてもらう時間的にもそうなるんですかね？数学とかは理論が全然違うので積み重ねだと思うんですけど、社会の特に歴史は、まぁ政治経済は仕組みとかなので、汚職までは教えないかもしれませんが、そこの所が今後とても不安ですし、今まで習ってきた私たちも今知ってる、教えてもらった事が皆の世界中の前で、日本はこうだった、こういう事したという事を話して、「え、そんなんじゃないよ」と他の誰から言われた時に全く知らなかったという事が多々あるんじゃないかなと思うのですが、その辺はどうなんでしょうか？

龍谿 今、私たちもドキッとする報道が毎日毎日ありますよね。これお三方の先生にそれぞれにコメントいただきたいのですが、岡田先生、お願いします。

岡田 今のご質問でずばりとつかれたと思うですけども、私の事ではありませんが、よく勉強をしておられる先生、問題意識を持ち、自分で研究もし、教材研究もし、ただ単に教科書に拘泥されずに勉強されてる先生については、基本的には教科書を教えるのではなく、教科書を使って教えると。基本的にはそういう立場に立っております。教科書に振り回されない。ですから、露骨に教科書そのもの

を子どもたちの前で批判するかどうかニュアンスの違い等は分かりませんが、基本的には教科書そのものを教えるのではなく、教科書を使って教える。そういう基本的な立場を取っていると思います。ただ現実には、森先生もおっしゃいましたが、高校入試の事はよく分かりませんが、この大学入試・センター試験というのがありまして、これはとてもやっかいなもので特定の会社の教科書をほぼ基準にして作られてるような問題が長い間行なわれてきましたから、その会社の教科書を使って、生徒たちにはその一字一句を丸暗記させるという事が普通科高校の進学校で現実に行なわれてる所です。しかし、ほとんどは必ずしもそういう教師ばかりではない。全面的にそうだとはいえないと思います。

　私の場合、どうであったかと言いますと、教科書そのものは使いますけど、教科書に振り回されて、教科書を一字一句丸暗記させて、アンダーライン引かせてそこから穴埋めを作って、試験を出すというそういう事はしませんでした。だから、教科書についても批判的に見るという訓練もさせました。以上です。

福永　なかなか難しい。やはり教科書に書いてある事が間違いのない事実、或いは真理であるというそういう発想で教えるというのは良くない、どうかなと思うんですね。こういう考え方もあるし、また別の考え方もあるとか、こういう風に事実を認識しているけども、別の形で事実を認識しているという場合とか、そういう読み方で教科書を扱うのが、ちょっと言葉は適切かどうかは分かりませんが、良心的な教員の態度であろうという風に思うんです。先程森先生が教科書の1つの材料、岡田先生も同じですね、1つの材料としてという言い方をなさってましたが、まさにそうだろうなと思うんです。

　私、イギリスに少し行ってた経験がありまして、あちらでは早いうちから本を読む時に本と対話する習慣があるんですね。ノートを横において教科書でも、何でも書いてある事について、自分はこれはそう思わないだとか、自分は賛成だとか、もっとこういう事も考えられるんじゃなかろうかとか、頭から教科書とかテ

キストとか参考書などを正しいという風な読み方をしてないんですよ。教科書についても別の視点から見る見方もあるんだというのを教育の中で先生が開示していく事も大切なんじゃないかなと思います。

森 あの非常に難しい問題だなと思いますけど、歴史の場合ですと、現在でしたら調べに行ったりとか、聞き取りに行ったりとか出来ますけど、歴史の過去ですとそれは不可能ですよね。何をやるかというと、もし生きている方がいれば、証言という形で聞き取りの調査が出来ます。証言も本当にちゃんと覚えてるのかというのもあるんですが、証言というのは非常に大切ですよね。

それから結局何をやるかという資料です。その資料を色々発掘して、資料の厳密性を論争するという事になると思うんです。今、歴史教科書の問題が色々あって、戦前の南京大虐殺が何でなくなったのか、随分違いますよね。それについても僕は基本的には感情論ではなく、ただ資料がどこまで発掘できて、ちゃんと実証性があるかの吟味は学問的にしなくちゃいけないんですが、日本が戦前にやってきた事はきちんとあるわけなんで、それについては本当に反省するという事は相手の国を愛するという事ですから、自分の国を自慢する事ではないので、そういう姿勢で日本の戦前の歴史をやはり謙虚に見つめるという姿勢が必要だと思います。その対話が出来れば、僕はこんなにややこしくならないだろうというのがあって、そういう点でやはり少し今の教科書に関して難しいのです。戦前の日本の表現が非常に日本が悪く言われてるという言い方をしますよね。その辺の所を必要以上に、事実以上に悪い事をしてきたというような事を言われてるんでしょうけども、それについては本当に資料に基づいて議論していく事が必要かなと、またそうじゃないとも言えないと思うので、そういう風に主張する方はどういう根拠でやるかという事をしていかなくてはならないと思うんですね。

教科書に関しては、今文部科学省は検定制度があるのですが、その検定制度を廃止して、自分たちで自由に教科書を書いてしまう。それで選ぶのは学校で、そ

ういう風に全く自由にしたらどうかという提案があるわけですよ。自由採択にしたら、それぞれの学校の先生が自分の判断でこの教科書は良いからやろうとなればいいけど、じゃあ、今の先生にそこまで出来るかと言うとなかなか難しいので、都道府県の教育委員会が採択をしてる形になってるので、最終的には学校の判断で採択するかもしれないですが、検定制度については色々書いてる方は検定を通るために自分が変えざるを得なかったと書かれてるので、その辺のも色々問題かなと思うので、今の教科書の検定制度そのものも問い直さなくちゃいけないのかな。基本的には検定制度があって、今の教科書があって、それは色々問題を含んでいたとしても学ぶ側の子どもたちが、自分が教科書に対してこうだと、例えば違う教科書もありますよね。違う色んな本もありますよね。そういう歴史上の事実について、ある事件について本当にそうなのかと本を読めばいいと思うんですよ。色んな人が言ってる事を読んで最終的に判断するのは、僕は生徒でいいと思うんです。先生もそれで良いと思います。先生は教科書がこうだからこれで正しいという事ではなくて、色々議論なっている問題があったら、色んな資料を読んで今の新しい歴史の教科書ありますよね。だからそこで、日本はそんなに悪い事してなかったんだと、自虐したんだと批判していると一緒に教科書を読んで、そこに書いてあるのは本当にそうなのか、それ以外の他の資料をつき合わせて、その資料を吟味すればいいと思うので、この教科書が正しい、この教科書が正しくないという形で最初にイデオロギー的に分けるのではなくて、そういう中で言うと歴史というのは本当に面白いだろうと思ってるので、そんな風に考えていくと僕は逆に歴史の授業は面白くなる可能性も出てくるのかなと。その為に先生も色んな事に関心を持って、色んな立場の教科書を集めて、色々やっていくような、それ自体を楽しむというんですかね。その中で歴史的な事実は一体何なのかという事を考えられるような柔軟な思考を先生方が持てれば、生徒さんもそういう風にやるのではと思います。それは保護者の方もそうじゃないんですかね。保護者の方も色々勉強して、今の日本の歴史はどうなんだろうというのが、今圧倒的に

話題になってますからね。そのような事を皆が勉強すると、国民の意識もすごく高くなるしレベルも高くなる。本当の意味の日本の市民というか、そんな事が出来るのかなと思いますけど・・・。

聴衆C　学校や、あるいは親子で歴史の事実を話し合う機会というのは、とても少ないと思います。親としては、どういう心構えでいればいいでしょうか。

森　学校の中で、家庭の中でそういう対話が出来れば良いのですが、中々難しいかもしれないんですけど、でもお母さん方がそう思っていれば、きっと少しずつでも出来るんじゃないでしょうか。

龍谿　はい、ありがとうございました。もう一方、フロアの方の先生のご意見をお伺いしたいと思います。駒澤大学の中野先生が見えておられまして、ちょっと今の事で先生のご意見をお伺いしたいと思います。

中野　中野と申します。今日は非常に楽しく、面白く話を聞かせていただきました。ちょっと話したい事があったのですが、その前に今の教科書をどう考えるかというような話がありました。実は私も大学で歴史を学生に教えているのですが、1年生の基礎演習という科目を持ってます。その時一番最初に何をやるかというと、大学で何を学んでほしいかという事ですね。今ある某有名な出版社の歴史の教科書の話があるんですけど、山川出版というのが歴史の教科書の中で1番ベースになってるんですね。そこの教科書、今の学生が習ってる教科書と25年位前の教科書と2つ並べて、どう違うかというのを比較させるんです。25年位前の教科書というのは実は私なんかが、私、福永先生に非常に歳が近いんですけども、学んだ教科書なんです。そうやって学生に比べさせると、全然教科書に出てくる言葉が違う。例えば私がそこで題材にあげるのは、太閤検地だとか、豊臣秀吉の

所をやってるんですけど、今の教科書だと総無事令という言葉が出てきている。私たちなんかはそういう言葉が出てきてない。じゃあ、それは何だろうと言うような事を考えさせる。そういう所から教科書に切り込んでいくのもいいのかな？もちろん高校でもそういう事はされているのかなと思いますけども、そういう教科書の使い方もあるのかなという事を１つ、今の話に関連してという事でお話させていただきました。

　それから実は私、今日こちらの方にお邪魔しましたのは、協賛させていただいております地方史研究協議会という所の事務局をお預かりしておりまして、秋にまた大きな大会を敦賀で開かせていただきます。地方史研究協議会というのは、全国で３，４つ大きな学会があるんですけども、その中の１つで会員が1700名ぐらい今います。他の学会と私共の学会と違う所は、他学会は専門的に歴史の研究をしている方が中心になってるんですけども、地方史研究協議会というのは、私のような大学に勤めてるような者もおりますし、一方でというと言い方が失礼ですけども、普通の市民研究者なんかも多く入ってる学会なんですね。本当にごく普通の日頃は全然違う仕事をしているのですが、夜になると研究者に変わると言うような方がいらっしゃったり、色んな方が入ってて、今の構成メンバーを見るとですね、大分ちょっと前と変わってきたなと分かります。どういう事かというと今の60代・70代の会員の方というのは、中学・高校の教員の方が非常に多く入ってるんですね。僕等の世代、40代・50代もまだ中学・高校の教員が多いですかね。40代・30代になると会員の多くはだいたい地域の博物館だとか文書館関係の方です。どういう事かというと、その30代・40代は、教員になる人も少ないってのもあるんですけど、こういう活動を出来ないような状況にあるのかなという事があると思います。地方史研究の会ですから、地域の歴史を皆で考えていこうという会なんですが、その僕らよりちょっと前の世代が中心になっている方々は中学・高校の先生で、先程福永先生のお話もありましたようにそういう方々が高岡市の学校の例ですかね、そういう所でもやってらっしゃるし、そうい

う中で歴史教育は進んできたんだと、それが今は無くなって来てるのかなと。逆にいうと、博物館とかは頑張って、地域の歴史学習というのでやっておりますけど、その辺が上手く変わってるんでしたら良いんですけど、ただそれにしても学校の先生もそういう事が上手く出来る場があってもいいだろうと。先程福永先生の最後の話で、教員の自発性が大事だというような話がありましたが、私もそう思います。ただ、それが何故ないのかというと、やはり教員を取り巻く環境が悪化してるんだろうと、本来の生徒を考える教育以外に色んな課外の指導もありますし、生活指導もある。そういう中で私たちの仲間を見てても、そういう事に忙殺されて、土曜・日曜も学校に出たり、盛り場を警備したり、それでも中々手が回らないのかなというような印象を受けています。それではやはりいけないだろうし、じゃあどうしたらいいのかと今日話を聞いて考えさせられた所です。以上です。

龍谿 ありがとうございました。先生のその一角の中にご専門の方がおられるかと思うのですが、どなたかもう一方、お願いします。

長沼 同じく地方史研究協議会の役員で長沼と申します。神奈川県川崎市に住んでいるんですが、今日は来て良かったなと思います。特に戦前に三国で、戦後に県が違いますけど高岡で学びの共同体があったということを知りとても心強く思います。それは今日にも強く繋がってるものがある。しかし、切れてる部分もあると思います。今日は私、ここに来てよかったと思いますし、多くの人に来て欲しいと思ったのですが、残念ながらここに来ておられるべき地元の先生方がおられないのが残念に思います。しかし、今中野さんもおっしゃられたように来られなかった地元の先生というのは単純にいえば多忙であるということだと思います。また、地方史の研究という事と大きく関わってきますが、今日強く感じましたのは、学びの共同体が何故無くなってきているのかという背景にはやはり地域社会

が、特に高度成長を境にして、極めて大きく変容してしまったという事があると思います。それは現在一層強い形で、また違った形で進行しているのかなと思います。そのような中でこの学びの共同体、地域で学ぶ、地域社会に生きて、地域社会で学んで、地域社会の事を学んで、しかも先生方同士が学ぶ。今日非常に強く感じましたのは、自ら考えるといった時に先生自身が動いてるという事です。横のつながり、共同体を作っている。今おそらくそれが無いんだと、或いはあるかもしれないけどもその動きが大きくならないんだと思うんです。それをどうやって作っていくかという事がおそらく今日の課題であり未来像に関わってくるんだと思います。このような非常に厳しい現状の中で、一人一人の先生方の自主性と言う事は厳しい言い方かもしれませんが、福永先生にはそれを言うだけでは済まないという部分というものがあると思うんです。それをどうやって組織的に制度として、或いは地域社会の問題として構築していくかという事を強く感じました。何かそのような方策といいましょうか、具体的な、今もしかしたら福井県の中で、この敦賀でも動きがあるのかもしれません。また岡田先生や森先生にも、その辺りの事をお聞かせいただければと思います。

龍谿 ありがとうございました。パネリストの方に戻したいと思います。岡田先生、お願いします。未来像に繋がるような先生の思案をお持ちでしたらコソっとお聞かせ願います。

森 私が先にお話します。個人的な話になるんですけども社会科ではないのですが、どちらかというと理科になるのか、教育になるのか、本当に個人的な話で恐縮ですが、敦賀にですね、中池見湿地という湿地帯があって、ご存知の方もいらっしゃるかもしれませんが、私が10年くらい前でしょうか、子どもが小学生の時にその湿地帯に連れて行ったら、非常に素晴らしい自然が残ってまして、何とか守りたいという事で一市民として、私は福井市に住んでるんですけど、敦賀市

の湿地帯を守る運動というか活動に参加するようになって、そこには地元の色んな仕事をしている人が、一般の市民の方が参加してて、皆で何とかその湿地帯を残そうと、今現在ＮＰＯ法人まで作っちゃったんですけど、そういう自分たちが大事だなと思う事を色々な職種をこえて、皆忙しいんですが、ある意味自己犠牲的ですが、これはしなくちゃいけないという時にやはりそこで何かそれぞれの自分の生活とやっている意味を取り返すというかそういう事があるのかなと思っています。これは本当にどんな事でも言えて、教育の場面でも今日お母さん方がいらっしゃって、非常に素晴らしいなと思うんですけど、こういう会に参加されて、色んな事を吸収しようとされてて、その中で自分一人ではなくて、知り合いの方と一緒に勉強会をしている。色々な地域で色々な課題がありますが、そういう会にはなかなか学校の先生がいないんですよね。やっぱりそれは忙しいのかなと物理的になかなか来れないのかなと思うんだけど、中池見の運動でもやはり学校の先生・現場の先生はなかなかいないですよね。理科の先生はたくさんいるので、もっと色々関わって欲しいと思うんだけど、その辺は先生だけの責任ではないんですけど、色んな方が職場をこえて、色んな運動にまたは色んな学習に、学びに参加していく中で、先生方も学校という所にある意味縛り付けられてるというと表現が悪いんですけど、それが少し学校を外から見るといいますか、先生方も親であり、市民であるわけですから、そういう視点で色んな所に関われるような精神的・物理的余裕が出来れば、また学校の教育も変わるかなという気もするんですよね。ですから、その辺はなかなか難しいですけども、多分福井県内でもそういう風に地道にやってる先生方もいらっしゃるんじゃないかと思いますので、その辺に希望を見たいと思います。

龍谿　岡田先生、お願いします。

岡田　やはり私はそれぞれの中学校でも高校でも教師たちがそれぞれの教科なり、

問題に沿ってですね、教育委員会が主導するような官製の研究会、それはそれで良いんですけども、自分たちがやろうと思う人たちが集まった自主的なサークルをですね、もう1回作り直していく。60年代、70年代にはたくさんあって、福井県も敦賀のこの辺も活発でしたが、そういうものを作り直していく事が1つの鍵になると思います。そうしないと、教育現場に入り込んできてる競争・現実主義といいますか、それを克服出来ない。教師の自主的なサークル活動の作り直しに私は希望を見つけだしたいと思います。

龍谿　はい、ありがとうございました。またフロアの方でご意見・ご感想をお持ちの方おられると思うんですが、ここが5時までなものですから、後1人だけ。三島さん、お願いします。

聴衆C　本学卒業生の三島と云います。あの今日聞いてて一番心に残った事が子どもが自ら学ぶということが大切だということ。でも、今の子どもたちはやりたくないことをやらされている気がします。子どもは、親や先生が指示することをやらなければいけないと思っている。でも、できない、わからない、だからやりたくなくなる。「やらせる」教育は違うと思うから、それが違うと思った人が枠を壊していって、そうすればいつかその枠全部取れて、本当の教育が出来ると思うので、その事に気づいたので、実践できたらいいなと思い、どうしてもその事を伝えたくて話しました。ありがとうございました。

龍谿　はい、ありがとうございました。最後に私が締めなければいけないのに上手く三島さんが締めてくれたので、大いに助かりました。

聴衆A　3人の先生にちょっと変わった質問をいたします。共通の質問なんですが、社会科教育・歴史教育を3人の先生は漢字1文字で表現すると、どのような

文字になると考えられますか？その理由も教えて下さい。

龍谿　5時ちょっと過ぎてもよろしいですか？それではちょっと待って下さい。クイズみたいで、皆さん、頭抱えられてしまったので、思いつかれた先生からどうぞ。

森　僕は歴史だけじゃなくて、今日の話は自ら学び、自ら考えるという事で、歴史もそうですし、色んな学習、学ぶという事はそうだと思うので、漢字一文字というのは難しいんだけど、探究するの"究"、究めるってあるでしょ。それは社会科・歴史だけじゃないんだけど、それが出来たらいいかな。それは子どももそうだし、先生もそう。また親もそう。皆、そういう風に出来たら良いかなと思います。

龍谿　岡田先生。

岡田　私は浮かびません。

龍谿　たくさんあって、まとめられないんですね。では、福永先生。

福永　私も分からないんですが、多分歴史や社会科に限った事ではないと思いますけど、私はやはり龍谿先生同様カウンセリングとかしてますので、"繋"がってるというあの難しい字で車と書いて、連なるではなくて繋がるという字がありますよね。繋がっていこうという事で、その字で表現したいかなという風に思います。

龍谿　ありがとうございました。ちょっと時間が長引いてしまいましたが、最後

に一言だけ私の感想を言わせていただこうと思います。先程事務局の方がですね、今日ここに本当に来て欲しいこの地域の社会科に関わる教育者が来てないのは非常に残念だなと反省していました。PR不足かなと、残念だなと思っていたんですが、来られない事にこれから先私たちが考えていかなきゃならない課題があるという風に言われた事が非常に腑に落ちましたし、楽になりました。そして、今改めて顔をあげてみますと満場の方がここにおられるような感じです。どうもありがとうございました。先生方、どうもありがとうございました。ちょっと遅れましたが、これで終了させていただきたいと思います。ありがとうございました。

外岡　以上で終了させていただきます。大変長い間ありがとうございました。またこの成果につきましては、本にする予定でございますので、全県下の学校に送る方針でございます。それから、私最後になりますけど、今日のお話を伺って最後の1文字の漢字というのは、私は"楽"という字を挙げておきたいと思います。"楽市・楽座"の"楽"でございまして、色んな知識・知恵が集まって、そこでにぎやかにやっていくという、またそういう場をこの大学でしていきたいと思っておりますので、こういう機会まだまだこれからたくさんありますので、是非とも皆様、お出かけいただきますようお願い致します。最後になりましたけど、今日の講師の三人方にもう一度拍手を送りたいと思います。どうもありがとうございました。

若狭湾沿岸地域総合講座叢書5
社会科教育・歴史教育の未来像

2005年10月14日第1版発行

敦賀短期大学地域総合研究所 編

発行所　敦賀短期大学地域交流センター
　　　　福井県敦賀市木崎78-2-1
　　　　TEL 0770-24-2130(代)
　　　　e-mail : kouryu@tsuruga.ac.jp

印　刷　株式会社　博研印刷

発売元　東京都千代田区飯田橋　同成社
　　　　4-4-8 東京中央ビル内
　　　　TEL03-3239-1467　振替東京00140-0-20618

ISBN4-88621-340-5

若狭湾沿岸地域総合講座叢書1
若狭の海とクジラ
敦賀短期大学地域交流センター 編
定価(本体500円+税)
発売元 同 成 社

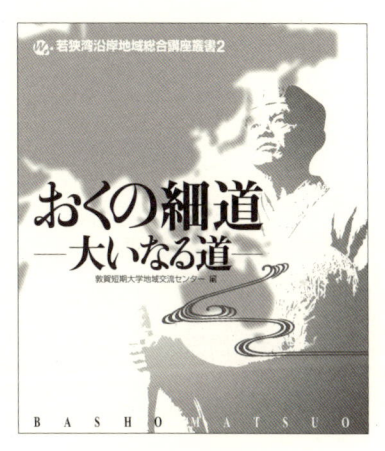

若狭湾沿岸地域総合講座叢書2
おくの細道 —大いなる道—
敦賀短期大学地域交流センター 編
定価(本体520円+税)
発売元 同 成 社

若狭湾沿岸地域総合講座叢書3
遺伝と教育を考える
敦賀短期大学地域交流センター 編
定価(本体520円+税)
発売元 同 成 社

若狭湾沿岸地域総合講座叢書4
博物館・文書館・大学の資料修復
敦賀短期大学地域交流センター 編
定価(本体520円+税)
発売元 同 成 社